Hartz IV in aller Munde
31 Tage Vollwertkost bei knapper Kasse

Ute-Marion Wilkesmann

Hartz IV in aller Munde

31 Tage Vollwertkost bei knapper Kasse

Ute-Marion Wilkesmann

Bibliografische Information Der Deutschen Bibliothek:
Die Deutsche Bibliothek verzeichnet diese Publikation in der Deutschen Nationalbibliografie; detaillierte bibliografische Daten sind im Internet über <http://dnb.ddb.de> abrufbar.

Lektorat: Petra Arnemann, Eric Mark Charlton
Fotos & Design: Ute-Marion Wilkesmann

Herstellung und Verlag: Books on Demand GmbH, Norderstedt
ISBN 978-3-8370-2105-9

Inhaltsverzeichnis

Vorwort

Seit einigen Jahren fülle ich eine Website mit Vollwertrezepten. Gelegentlich veranstalte ich Preisausschreiben. Am meisten Spaß macht es den Einsendern immer, wenn ich mich bereit erkläre, etwas nach Wunsch auszuführen. Also bot ich im Januar als Preisausschreiben verschiedene Phasen zur Auswahl an: Sollte ich eine getreidelose Phase, eine Phase nur mit saisonaler / regionaler Ernährung einlegen oder vier Wochen lang streng vegan-vollwertköstig leben? Außerdem konnten die Einsender selbst Vorschläge machen. Nach einer Woche kam dann der Vorschlag: Lässt sich mit dem Hartz-IV-Satz vollwertig und „bio" leben? Wobei die für Essen vorgesehene Summe in Hartz IV laut Einsenderin 132 Euro beträgt. Nicht nur mir erschien das ein sinnvolles und spannendes Experiment, auch die Einsender erklärten dies mit Abstand zum Lieblingsexperiment, denn viele Studenten und Familien sind ebenso daran interessiert, wie sich vollwertig auch mit kleinem Budget leben lässt.

Schon die Diskussionen im Vorfeld waren interessant. „Da hast du ja nur 4,25 Euro für Essen pro Tag!" Das klingt natürlich sehr wenig, aber so habe ich auch von Anfang an nicht gerechnet.

Vorausschicken möchte ich, dass ich tiereiweißfrei nach Bruker lebe. Das heißt, außer Sahne, Creme fraiche, Schmand und Butter esse ich keine tiereiweißhaltigen Produkte. Und so hieß es dann auch direkt: „Ja, du hast es einfach, du isst ja auch weder Fleisch noch Käse." Darüber habe ich nachgedacht und deshalb bei der Planung immer wieder gedacht: Hmmm, wer eben „sein" Fleisch oder Ei möchte, muss halt an einer anderen Ecke sparen. Ich gönne mir dafür mehr Sahne und Trockenfrüchte.

Aufschlussreich war da auch ein Gespräch mit dem Fahrer, der mir die Biolieferungen bringt. Ich erzählte ihm von dem Versuch und er entgegnete mir: „Natürlich geht das. Meine Freundin und ich tun jeden Monat 150 Euro in die Essenskasse, und davon kaufen wir auch noch Spülmittel. Und wir essen Fleisch." Und dann schilderte er mir, wie viele schmackhafte Mahlzeiten sie aus einem Biohuhn mit einem Preis von 12 Euro kochen.

Auch eine andere Bekannte sagte spontan „Wir haben vor ein paar Jahren auch zu Dritt von Sozialgeld leben müssen. Da musste ich ein bisschen aufpassen, aber ich habe immer gut gekocht!"

Dies war auch meine Hypothese, dass es durchaus möglich ist, mit 132 Euro hinzukommen. Es gibt schon eine wissenschaftliche Studie zu diesem Thema („Lebensmittelkosten bei verschiedenen Ernährungsweisen" von Eva Mertens und Prof. Dr. Ingrid Hoffmann, Ernährungs-Umschau 3/08). Diese baut aber nur auf zwei weitere Studien auf und definiert die Vollwerternährung nicht nach Bruker. Die Preise werden hier nur theoretisch erhoben, aber das menschliche Leben wird nicht wirklich einkalkuliert. Daher: Was interessiert mich die Wissenschaft, wenn das Leben an die Tür klopft? Auch diverse Fernsehprogramme haben sich schon mit der Thematik auseinandergesetzt, ob man mit dem Hartz IV-Budget gesund essen kann. Dort herrscht natürlich ein völlig anderes Verständnis von „gesundem Essen".

Die beiden Arbeitslosen Kurt Meier und Uwe Glinka zeigten — das wurde dann von Stern-TV aufgegriffen —, dass man sich mit 4,33 Euro pro Tag (das entspricht den 132 Euro/Monat) ausgewogen und gesund ernähren kann, wobei sie jedoch nur 28 Tagesmenüs zusammengestellt und „ausgewogen" in sehr herkömmlichen Sinne interpretiert haben.

Dem einen oder anderen, der dieses Buch kauft, weil er sparen möchte, aber (noch) nicht vollwertig lebt, mag hier einiges eigenartig vorkommen. Nehmen Sie es neben den Sparmöglichkeiten doch einmal als Chance, sich wirklich gesund zu ernähren, ohne einem Modetrend zu folgen. Die Grundsätze der Vollwertkost nach Dr. Bruker haben sich zigtausendfach bewährt, und tun dies immer noch, auch wenn es dafür leider keine große Glocke gibt, an die diese hervorragenden Ergebnisse gehängt werden — weil viele einfach nicht wahrhaben wollen, dass Freunde/Bekannte usw. durch eine Ernährungsumstellung gesundet sind, sondern einfach glauben, dass sei ein Zufall. Ein Zufall im großen Maßstab?

Den praktischen Beweis, dass man mit 132 Euro in einem Monat mit 31 Tagen gesund im Sinne von vollwertig und durchaus lecker essen kann, stelle ich nun in diesem Buch vor.

Remscheid, März 2009

Einleitung

Politische Bedeutung dieses Versuchs

Eine Freundin warnte mich: Sei vorsichtig, dass das jetzt nicht politisch ausgenutzt wird, so nach dem Motto: Aha, damit lässt sich ja prima leben, da können wir Hartz IV kürzen.

Um Missverständnissen vorzubeugen, sage ich hier solchen Lesern ausdrücklich und klar: Ich beweise nicht, dass Hartz IV eine großzügige Spende ist, die die Menschen zum Faulenzerleben verleiten kann. Ich beweise lediglich, dass wir bei entsprechender Einschränkung durchaus gesund (im Sinne von vollwertig und bio) und in Maßen abwechslungsreich essen können. Auch nach dem Zweiten Weltkrieg hat es ja Frauen und Männer gegeben, die trotz der kargesten Vorräte noch etwas Leckeres aus der Pfanne zaubern konnten, während andere hilflos vor den gleichen Vorräten standen und immer wieder nur dasselbe eintönige Gericht daraus herstellten. Dennoch wird wohl niemand behaupten, dass die Verpflegung in dieser Zeit üppig oder gar überreichlich gewesen sei.

Menschen essen unterschiedlich viel. Ich bezeichne mich durchaus als eine gute Esserin. Wer also eher wenig isst, wird noch mehr übrig haben als ich. Wer mit meinen Portionen nicht satt wird, muss eben mehr essen, und dabei geschickt wählen: mehr Kartoffeln zum Gemüse nehmen, mehr Brot essen. Kartoffeln schlagen kein großes Loch ins Budget und sind reich an wertvollen Inhaltsstoffen. Dasselbe gilt für Vollkornbrot. Und wer mehr Rohkost möchte, muss ja keinen Kuchen backen, sondern kann sich einen Kohl oder ein Kilo Äpfel mehr kaufen.

Auch eines war mir klar: Es ist ein großer Unterschied, ob ich wirklich nur 132 Euro in der Geldbörse habe oder ob ich mich freiwillig auf 132 Euro für Essen beschränke, aber weiß, dass ich mehr habe, wenn ich es wirklich brauche. Dies ist ein großer psychologischer Unterschied, und den möge bitte auch bedenken, wer jetzt vielleicht ruft „Na, da sieht man's mal wieder – Hartz IV ist der reinste Luxus!"

Auch sagt dieser Versuch natürlich nichts darüber aus, wie die Hartz IV-Summe insgesamt zu bewerten ist.

Praktisches Vorgehen

Ich habe mich an einem Monat orientiert und erst einmal zusammengestellt, welche Grundnahrungsmittel außer Frischwaren ich für 31 Tage brauche und wie viel mir dann noch für Obst und Gemüse übrig bleibt.

Außerdem habe ich es mir zur Pflicht gemacht, Dinge zu essen und zu trinken, die streng vollwertig sind, die ich aber sonst schon mal nicht so streng handhabe: der tägliche Esslöffel Sahne, normalerweise im Frischkorngericht, den ich häufig weglasse, weil ich mein Tiereiweiß noch stärker reduziert habe, als von Bruker vorgeschlagen, und die Rohkost vor dem warmen Essen. Da ich oft in Eile und auch ein wenig bequem bin, esse ich meist während der Zubereitung der warmen Mahlzeit schnell eine Möhre oder ähnliches nebenbei, während eigentlich eine richtige Portion Rohkost vorgesehen ist. Beides muss in der Versuchsphase, so meine Ansicht, buchstabengetreu durchgeführt werden.

Übrigens: Wenn ich selbst vor dem Problem stünde, mit so einer kleinen Summe über 31 Tage auszukommen – ich würde es ganz anders anpacken. Ich würde eine Woche im Monat ganz karg leben: keine Sahne, keine Butter. Die warme Mahlzeit wären immer nur Kartoffeln, als Frischkost ein Kopf Salat und ein Kohlkopf. Da hätte ich nach einer Woche mein restliches Budget pro Woche wesentlich großzügiger gestalten können.

Erschwerte Bedingungen dieses Versuchs

Der Versuch fand insoweit unter erschwerten Bedingungen statt, als ich ihn im Januar / Februar durchgeführt habe, da ist das Angebot an preiswertem (abwechslungsreichem) Gemüse nicht so groß. Einmal war ich während dieser Zeit eingeladen. Ich wollte jedoch nicht argumentieren „Na ja, auch Menschen mit wenig Geld werden ja schon mal eingeladen!“. Im Gegenzug hatte ich dafür zweimal Gäste, außerdem habe ich mehrmals Teile von Kuchen und Plätzchen verschenkt.

Ebenso habe ich bei auftauchenden Schwierigkeiten diese als „lebensecht“ mit einbezogen. Beispiel: Ich kaufe normalerweise süße Sahne in 500-ml-Flaschen im Bioladen. Diese Sahne ist lange haltbar, in der Regel noch weit über das Haltbarkeitsdatum hinaus. Und so hatte ich kalkuliert, dass eine solche Flasche für 2 Wochen oder länger ausreichen könnte. Nun wollte ich – noch 3 Tage vor dem

Verfallsdatum – wieder einmal Sahne entnehmen, da war sie sauer geworden. Ich habe jedoch nicht den Rest einfach aus einer neuen Flasche ersetzt, sondern bin in das Reformhaus mit Frischtheke gegangen und habe eine 200-g-Packung Sahne gekauft: Im Sonderangebot, da noch zwei Tage haltbar.

Ich backe mein Brot immer sonntags, Markt und Biolieferung sind mittwochs. Daher entschied ich mich, die Testphase an einem Donnerstag zu beginnen. Da ich ja bei Null anfangen wollte, hatte ich demnach kein Brot. Theoretisch hätte ich von altem Brot essen können und darauf achten, dass ich am Ende die entsprechende Brotmenge überhabe. Dies aber war mir nicht realistisch genug. Es könnte ja sein, dass ich am Monatsende kein Brot mehr habe. Also habe ich drei Tage lang mittags Kartoffeln nach dem Salat gegessen.

Kaum ein Mensch wird eine „nackte" Küche haben, wenn die Kasse plötzlich knapp wird. Dennoch habe ich bis auf wenige Ausnahmen (wenige Standardgewürze) so getan. Selbst das Salz habe ich für diesen Monat neu gekauft.

Während des Versuchs bin ich wie sonst auch vollberufstätig gewesen und auch meinen zeitintensiven Hobbys nachgegangen. Deswegen musste neben dem Preis auch immer der Zeitaufwand stimmen.

Außerdem habe ich mich nicht nur am Gewicht orientiert, sondern auch den Schwund berücksichtigt. Beispiel: Ein Wirsing wog 800 g. Nach 4 Tagen hatte ich ihn verbraucht, laut meiner Liste hätte ich aber noch 75 g übrig haben müssen. Dann hat das praktische Leben den Vorrang gehabt, und es gab keinen Wirsing mehr. Gerade auch bei Sahne ist der Schwund auffällig gewesen. 4 x 10 g Sahne können eben auch dank Wägeungenauigkeiten mehr sein.

Der Gemüsebauer, bei dem ich auf dem Markt einkaufe, ist außerdem ein großzügiger Mensch. Er bringt es nicht über sich, mir 2 kg Äpfel zu geben, wenn ich diese Menge kaufe und bezahle. Mindestens ein, meist zwei Äpfel schummelt er mir noch in die Tüte. Genauso ist das bei Gemüse. Und so musste ich wegen dieser Großzügigkeit jeden Tag in Listen eintragen, wie viel ich von welchem Gemüse bzw. Obst gegessen habe, damit ich diese Großzügigkeit nicht in das Experiment schleife.

Und last but not least gab es für mich noch ein Problem: Das ewige Abzählen und Planen. Im Grunde würde es reichen, einmal für den Monat gut durchzuplanen, dann noch für jede Woche. Da ich aber ja exakt und damit auch nachvollziehbar sein konnte, musste ich jeden Bissen mit Gewicht notieren.

Geräte

Da dies keine Einführung in die Vollwertigkeit ist, sondern sich durch die Fragestellung ja eher an Menschen richtet, die bereits vollwertig leben, habe ich eine Getreidemühle vorausgesetzt, genau wie auch einen Backofen.

Einmal habe ich zum Sahne schlagen ein Handrührgerät benutzt, wie sie praktisch auch in jedem Haushalt zum Standard gehören. Das lässt sich aber auch durch einen Mixer ersetzen. Einen Zerkleinerer („Speedy") habe ich gelegentlich benutzt, aber nur, um mir Zeit zu sparen – für die jeweiligen Arbeitsgänge hätte ich auch Geduld und ein Messer oder eine einfache Reibe nehmen können. Flocker, Thermomix und Küchenmaschine habe ich in dieser Zeit nicht benutzt, wohl aber einen kleinen Mixer und einmal ein Handrührgerät. Ohne hier Namen zu nennen, kennt diesen Mixer ja wohl mittlerweile fast jeder aus der Fernsehwerbung. Häufig bekommen wir sie im Angebot schon für 20 Euro, so ein Gerät ist also durchaus erschwinglich. Wenn wir ein bisschen Vorsicht bei der Benutzung walten lassen, sind diese Geräte ein Tausendsassa. Selbst Getreide habe ich in kleinen Mengen schon darin gemahlen! Wer also keine Getreidemühle hat und sich ein wenig Zeit nimmt, kann sogar das Getreide für ein Brot damit mahlen. Zeit muss man sich deshalb nehmen, weil diese kleinen Geräte nicht länger als 1 Minute ununterbrochen laufen dürfen, dann muss man sie abkühlen lassen. 50 g Getreide lassen sich auf einmal darin mahlen, und somit sind sie auch für einen Einstieg in die Vollwert für das Frischkorngericht eine gute Hilfe.

Neben der erwähnten Getreidemühle und diesem kleinen Mixer habe ich nur Küchenmesser und andere normale Küchenbestecke benutzt, gelegentlich einen Zerkleinerer. Für den, der sich so einen kleinen Mixer kauft, ein paar Tipps, damit das Gerät nicht nach zwei Wochen schon defekt ist:

- Immer darauf achten, dass entweder ganz trockene Zutaten (Getreide, Nüsse) oder Zutaten mit genug Flüssigkeit verarbeitet werden. Ich habe mir einige Monate vor diesem Versuch mit klebrigen Trockenfrüchten, die ich ohne Flüssigkeit verarbeiten wollte, zwei Messer ruiniert.
- Manchmal sitzt der Becher auf Anhieb nicht richtig auf. Dann lieber herausnehmen, unten die Gummihalterung ein kleines Stückchen drehen und den Becher nochmals aufsetzen.

- Beim geringsten Widerstandsgefühl beim Mahlen oder Schlagen sofort aufhören und das Messer neu einsetzen.
- Vor dem Entfernen des Bechers aus dem Sockel ganz kurz warten, bis das Messer sich nicht mehr dreht.
- Am besten ist auch, wenn man sich noch ein oder zwei zusätzliche Bechersets besorgt, weil die auch zum Aufbewahren sehr praktisch sind. Einfach mal in Ebay schauen, ob da gebrauchte Geräte oder Becher günstig angeboten werden.
- Messer, obwohl das laut Gebrauchsanweisung zulässig ist, nicht in die Spülmaschine geben. Die Messer werden zwar nicht stumpf, aber die Gummihalterung auf Dauer porös.
- Das flache Messer zum Mahlen trockener Zutaten, besonders in kleinen Mengen, das hochstehende Messer für Obst, Gemüse und Püriervorgänge nutzen.

Persönliche Vorlieben beibehalten

Außerdem hatte ich mir vorgenommen, mich nicht zu verbiegen. Was heißt das? Nun, ich wollte auch weiterhin das essen und trinken, was ich besonders mag, auch wenn das anderen Menschen vielleicht nicht interessant erscheint. Aber dies ist ja auch keine Diätvorschrift, sondern ein Beweis dafür, wie ich mit wenig Geld abwechslungsreich vollwertig und „bio" leben kann.

Wer durch dieses Büchlein blättert, wird eine Reihe von Getreide- und Nussgetränken entdecken. Mir schmecken die seit Wochen besonders gut, und so habe ich sie jetzt auch nicht aus meinem Plan gestrichen. Wer diese Getränke nun nicht so gerne mag, kann das gewonnene „Geld" ja in Kräutertee oder Getreidekaffee „investieren". Und wer nicht wie ich das leckere Vollwertbrot auch gerne ohne Butter oder Aufstrich isst, kann sich sein Budget ja entsprechend einteilen. Ich trinke auch sonst fast ausschließlich Leitungswasser. Wer in einer Stadt mit stark chlorhaltigem Wasser lebt, muss eben einen Teil des Budgets in Wasserfilter oder ähnliches lenken.

Einkaufsquellen

Beim Einkauf habe ich verschiedene Quellen benutzt: Obst kaufe ich ausschließlich bei einem Gemüsegärtner auf dem Markt, der regionale Ware anbietet, da mir im Bioladen das Angebot nicht regional genug ist. Ich will keine Äpfel aus Chile. Von „meinem" Gemüsegärtner weiß ich, dass er zwar konventionell anbaut, aber mit Vernunft und dem Blick auf „Nachhaltigkeit". Ich denke, wer ein wenig auf den Märkten sucht, wird auch in seiner Stadt noch solche Bauern finden, wenn er keinen Biobauern „zur Hand" hat. Gemüse kaufe ich in meinem Bioladen (Biotüte) und bei demselben Gemüsegärtner. In der ersten Woche hat das mit dem Bioladen nicht geklappt, weil da ein Missverständnis aufgetreten war und ich die Lieferung deshalb storniert hatte, um nicht doppelt Gemüse zu haben.

Ebenfalls im Bioladen habe ich Sahne, Butter, Biohefe u.ä. Dinge gekauft. Einiges (Honig, Öl, Trockenfrüchte, Sonnenblumenkerne, Salz) habe ich auch aus preislichen Erwägungen in der Bioecke eines Drogeriemarktes gekauft. Hier wäre es mein Langzeitziel, doch lieber in kleinen Läden zu kaufen und die Supermarktketten nicht zu nutzen, weil sie meiner Ansicht nach auf die Dauer den Biogedanken an sich gefährden, da sie definitionsgemäß mehr an Profit interessiert sind und somit auch eher Preise drücken möchten, als wirklich den Biogedanken zu fördern

Ich kaufe auch viele Biowaren in Internetshops. Das geht bei knapper Kasse aber nur, wenn ich – um Porto zu sparen – größere Bestellungen aufgebe. Das würde aber erst gehen, wenn ich auf die eine oder andere Weise über längere Zeit ein paar Euro gespart hätte.

Keiner kommt „nackt" in eine Situation wie Hartz IV. Das eine oder andere Gewürz ist sicher noch im Haus. Um dies aber fair aufzufangen, damit jeder quasi mein Experiment buchstabengetreu nachmachen kann, habe ich nur wenige alltägliche Gewürze (Zimt, Anis, Pfeffer und Curry) verwandt, weil ich davon ausgehe, dass jeder diese im Haus hat. Habe ich an der einen oder anderen Stelle einmal doch noch etwas anderes verwandt, ist das eine reine Vorliebe — das Essen schmeckt dann auch ohne dieses Gewürz bzw. Kraut.

Vollwertkost in Kurzform

Dieser Versuch wendet sich an Menschen, die bereits vollwertig leben. Dennoch möchte ich an dieser Stelle ganz kurz die Kernpunkte der tiereiweißfreien Vollwertkost nach Dr. Max Otto Bruker aufführen:

Die vier Säulen der Vollwertkost:

Nein zu:

1) Industriezucker
2) Auszugsmehl
3) Industriefetten
4) Säften (gilt besonders für empfindliche Menschen)

Ja zu:

1) Frischkorngericht
2) Vollkornbrot
3) Frischkost
4) gesunden Fetten

Der Rohkostanteil am Essen insgesamt sollte bei 50 bis 75 % liegen. Rohkost ist vor dem warmen Essen zu verzehren. Sie ist leichter verdaulich als Gekochtes, und – so sagte Dr. Bruker – wir essen sie zuerst, denn wir lassen ja auch nicht den Bummelzug vor dem Eilzug fahren.

Tiereiweißfrei bedeutet: Von den tiereiweißhaltigen Produkten sind nur Sahne, Creme fraiche (Bioware), Schmand und Butter erlaubt, weil der Tiereiweißanteil hier sehr gering ist. Butter hält Dr. Bruker für das wertvollste Fett überhaupt, weil es sofort vom Körper verarbeitet werden kann, ohne die Galle zu belasten.

In der Vollwertkost (und nicht nur dort) gilt, dass wir nicht in vielen kleinen Häppchen essen, sondern drei (oder zwei) Mahlzeiten am Tage verzehren, nicht mehr. Denn der Magen und der Darm brauchen 3-4 Stunden Ruhe zwischen den „Essenszufuhren", die auch schon durch eine kleine Möhre gestört werden kann.

Ein weiterer Grundsatz der Vollwerternährung „Iss so natürlich wie möglich!" geht auf Prof. Dr. Kollath zurück. Auch sein Buch „Die Ordnung unserer Nahrung" ist ein wichtiges Grundlagenwerk. Weitere wichtige und interessante Bücher sind im Literaturverzeichnis aufgeführt.

Wer sich noch gar nicht mit Vollwertkost beschäftigt hat, dem empfehle ich unbedingt die Lektüre des Buchs „Unsere Nahrung, unser Schicksal" von Dr. Max Otto Bruker.

Allgemeine Tipps zum Sparen:

1. Bereits benutzte Töpfe weiterbenutzen – so kann ich Reste verwerten. Ich meine das natürlich nur an einem Tag, nicht eine Woche lang :-) Aber wenn ich z.B. Butter für einen Kuchen in einem Topf zerlassen habe, kann ich in diesem Topf auch mein Gemüse kochen.
2. Mit Absicht habe ich auch überwiegend freigeschobene Brote gebacken. Der Grund: Eine Form muss ich mit Butter einfetten. Und das ist erfahrungsgemäß nicht gerade wenig. Flache Kuchenformen pinsele ich mit Öl ein.
3. Zum Aufwärmen von Bratlingen nehme ich nicht den Ofen. Sparsamer ist es, sie auf einem Stück Alufolie auf den Brötchenaufsatz eines Toasters zu legen.
4. In der ersten Woche hatte ich kein Geld für Zwiebeln eingeplant. Strunk von Weißkohl eignet sich da gut als Ersatz, weil er ebenfalls etwas scharf ist.
5. Statt Zitronen auszupressen und immer einen großen Verlust in Kauf zu nehmen, mache ich folgendes: Ich schäle die Zitrone, schneide sie in Scheiben und entferne sorgsam die Kerne. Dann gebe ich das Fruchtfleisch mit 3-4 Esslöffeln Wasser in den kleinen Becher eines kleinen Mixers, mixe kräftig durch und schraube den Becher mit dem dazugehörigen Deckel zu. Dann bewahre ich diesen Zitronenschaum im Kühlschrank auf. Ich habe das so schon gut 5-6 Tage aufbewahrt, ohne dass der Geschmack gelitten hat.
6. Die Schale von ungespritzten Bio-Zitronen und -Orangen kann ich zweifach nutzen, wenn ich sie nicht frisch verbrauche:
    - Abreiben und auf einem Tellerchen ausgebreitet auf der Heizung trocknen. In einem Schraubgläschen aufbewahren.
    - Die ganzen Schalen von zwei oder drei Früchten sammeln, mit dem Messer oder in einem Zerkleinerer in kleine Stücke schneiden, 1:1 mit Honig vermischen und im Kühlschrank aufbewahren = selbstgemachtes Zitronat bzw. Orangeat.
7. Gemüseabfälle sammeln. Wobei ich mit Abfällen keine faulen Stellen meine, sondern z.B. den Strunk von Kohl, Endstücke von Möhren. Die kann ich in einem kleinen Haushalt einfrieren und sammeln, in größeren Haushalten über eine Woche z.B. im Kühlschrank sammeln. Auch hierfür gibt es verschiedene Verwendungsmöglichkeiten:

- Ganz fein hacken, mit Salz (1 Teil Salz auf 8 Teile Gemüse) mischen und als Gemüsebrühextrakt verwenden.
- Ganz fein hacken, ausbreiten, trocknen (auf der Heizung) und mit Salz mischen: eine Art Kräutersalz.
- Sehr weich kochen, pürieren und mit etwas Sahne als Gemüsecremesuppe essen.
- Roh fein gehackt oder gekocht mit Butter und anderen Zutaten zu einem Aufstrich verarbeiten.

8. Wer mittags wenig Zeit hat, kann das Gemüse für den Salat schon morgens vorbereiten und bis Mittag in einer gut schließenden Plastikdose im Kühlschrank aufbewahren.
9. Salat soll man nach dem Waschen trocken schleudern. Wer keine Salatschleuder hat, legt über das Sieb mit dem Salat ein Küchenhandtuch, dreht um, packt das Tuch fest zusammen und „schlenkert" es aus. Dann den Salat einfach so in das Tuch legen, zusammen fassen und nochmals ausschlenkern.
10. Strom lässt sich sparen, wenn man einen Backtag in der Woche einlegt und so die Ofenwärme nutzt, ohne dass der Ofen jedes Mal von Null aus hochheizen muss. Gut ist eine Reihenfolge wie – Plätzchen in den kalten Ofen schieben (Plätzchen backen meist bei 150-175 °C), dann den Kuchen (der kommt nach den Plätzchen in den 175 °C warmen Ofen) und schließlich das Brot (beim Einschieben auf 250 °C stellen). Gerade das Vorheizen des Ofens für das Brotbacken verbraucht ja immer sehr viel Energie, die ungenutzt verpufft.
11. Wer Geld sparen will, kauft Frischwaren nur ein- oder (bei Familien) zweimal die Woche. Das erfordert natürlich eine gewisse Planung, verringert aber die Verführung. Ich kann auf dem Marktstand all den frischen Köstlichkeiten immer nur schwer widerstehen. Da ich einmal die Woche auf den Markt gehe und einmal in der Woche eine Biotüte bekomme, kann ich das viel besser kontrollieren.
12. Gut ist auch, wenn man sich an diesem Einkaufstag nichts fürs Essen fest vorgenommen hat. Ich sichte nach Einkauf und Biolieferung die unterschiedlichen Gemüse und sehe ja dann, welche zuerst verwendet werden sollen. Gerade in der Hartz IV-Versuchsphase habe ich gelernt, auch den Kohl viel aufmerksamer zu betrachten. Statt den Kohl einfach hinten in den Kühlschrank zu schieben und zu denken „der hält sich eh...", schaue ich mir besonders die Außenblätter gut an, die sind nämlich häufig

schon etwas „angeschlagen“ und halten sich nicht mehr lange. Früher habe ich dann vier bis sechs Blätter wegwerfen müssen. So aber gab es eben am ersten, spätestens am zweiten Frischgemüsetag eine Mahlzeit, in der die Kohlblätter Verwendung finden.

13. Sparen können wir ja auch, wenn wir größere Mengen kaufen. Das gilt auch für Sahne und Butter. Bei Butter hat mein Bioladen in regelmäßigen Abständen Aktionspreise, die durchaus beachtlich sind, nämlich ein Unterschied von 50 Cent pro 250 g Butter. Dann kaufe ich fünf oder sechs Päckchen auf einmal und friere alles bis auf den aktuellen Bedarf ein: Und habe so schon ein ganzes halbes Pfund herausgespart! Wer wenig Butter verbraucht, kann die Päckchen vor dem Einfrieren noch halbieren oder vierteln. Das passt auch in ein Gefrierfach eines normalen Kühlschranks. Für solche Sonderaktionen sollte man bedacht sein, vielleicht einmal einen preiswerten „Kartoffeltag“ einzulegen oder auf andere Weise zu sparen.

14. Bei Sahne kaufe ich gerne 500 ml in der Flasche, da ist auch der Verlust kleiner als in 200-g Kunststoffbechern. Die Haltbarkeit lässt sich erhöhen, wenn man die Sahne dann nacheinander in 125-ml-Portionen entnimmt. Eine solche Portion gebe ich dann in einen Becher, schraube ihn zu und entnehme mir daraus meinen Tagesbedarf. An die Flasche muss man dann nur insgesamt 3 mal gehen!

15. Auch wenn 1 Esslöffel Sahne und 10 g Nüsse fester Bestandteil des Brukerschen Frischkorngerichts sind, so ändert sich meiner Ansicht nach an ihrem Gesundheitswert nichts, wenn ich sie nicht in diesem Müsli esse, sondern mir 10 Minuten später als Drink zubereite. So kann ich mit denselben Zutaten schon zwei „Mahlzeiten“ erzeugen.

16. Angebote vor dem Verfallsdatum nutzen oder auch in (Bio-)Supermärkten schon mal nach ausgesonderter Ware gucken. Gerade „gammelige“ Bananen bekommt man da sehr günstig, die aber gerade erst richtig reif sind und sich am Einkaufstag hervorragend als Zugabe in einem Müsli, zum Süßen von Kuchen, Plätzchen und Drinks eignen.

17. Nach dem Mixen 1-3 Esslöffel Wasser in den Mixbecher geben, schließen und mit der Hand schütteln. Dadurch bekommt man auch die Reste aus dem Becher. Das gleiche gilt für Reste in Sahneflaschen.

18. Ich habe die Erfahrung gemacht, dass Honig beim Backen an Süßkraft verliert. Die Süßkraft ist ergiebiger, wenn man nur einen kleinen Teil des Honigs mit an das Gebäck gibt. Dann am Ende der Backzeit etwas Butter mit Honig zerlassen, das Gebäck mit einem Holzstift einstechen und den flüssigen Honig mit einem Pinsel auf das Gebäckstück auftragen, so dass der Honig in die „Kanäle" fließt.
19. Gerade auf dem Markt mal nach Dingen wie Kohlrabigrün oder Selleriegrün fragen, die Verkäufer drehen das Grün meist vor dem Verkauf ab und schmeißen es weg oder geben es ggf. ihren Kaninchen. Diese Dinge sind voller Vitalstoffe und lecker — und für einen Spottpreis zu haben. Und wer sich nicht danach zu fragen traut, sollte wenigstens bei den eigenen Käufen dabei achten, dass das dazugehörige Grün noch dabei ist. Das gilt auch für Blumenkohl!
20. Beim Brotschneiden, vor allem wenn es nicht mehr ganz frisch ist, fallen Krümel an. Diese lassen sich sammeln, trocknen, eventuell noch fein reiben und als Paniermehl sammeln.
21. Altes Brot lässt sich, eingeweicht in einem Wasser-Sahnegemisch oder auch nur in Wasser, prima als Teig zum Überbacken oder für Süßspeisen verwenden. Habe ich in dieser Phase nicht ausprobieren können, weil ich immer alles Brot aufgegessen habe.
22. Unsere Finger sind die besten Spachtel. Wer sparen möchte, muss auch drauf achten, dass er Behälter, in denen er die Lebensmittel zubereitet, restlos ausleert. Häufig nehmen wir dafür einen Löffel, einen Spachtel oder ähnliche Geräte. Gerade Obstpüree und geraffeltes Gemüse lässt sich aber am besten mit den Fingern sauber und restlos herausnehmen.
23. Keime und Sprossen sind nicht nur gesund und lecker — sie „vermehren" auch die Vorräte. Beispiel: Während ich normalerweise 50 g Getreide für das Frühstück nehme, brauche ich für 50 g Keime nur 30 g Getreide! Und wenn man einmal ganz knapp bei Kasse ist, und wirklich nur noch Weißkohl im Haus hat — da sind solche Sprossen und Keime eine willkommene Abwechslung als Dekoration und Beigabe.
24. Auch kleine Reste verwahren. Beispiel: Wer schnell mal etwas Mehl mahlt, um Teig auszurollen, behält unter Garantie etwas Mehl über. Wenn dann ein kleines leeres Glas bereit steht, in das ich dieses Mehl geben kann, so lässt sich das zum Dicken

von Soßen usw. verwenden, anstatt dass ich es achtlos in den Ausguss schütte.

25. Normale Niedrigpreise nutzen — so war während der Zeit dieser Phase der Endiviensalat mit Abstand der preiswerteste Salat, für 1,50 Euro gab's eine Riesenmenge, bis zu 1 kg! Da lohnt sich Nachfragen.
26. Kaufgemeinschaften bilden: Wer Freunde und Bekannte hat, die ebenfalls vollwertig oder biologisch-orientiert einkaufen, kann eine kleine Initiative gründen oder sich bei Online-Bestellungen auch einmal „anhängen". Größere Gebinde gibt es billiger als kleine Mengen.

Sparpotenzial für die Zukunft

Wer einen so knappen Finanzrahmen zur Verfügung hat, wird ums Planen kaum herumkommen. Zumindest wenn er gut essen möchte. Wer in der ersten Woche schon die Hälfte des Geldes ausgibt, ohne sich um die Grundvorräte gekümmert zu haben, wird in der 3. und 4. Woche wohl nur noch von Kartoffeln leben können. Das ist sicher auch gesund – aber genauso sicher auch nicht sehr spaßig.

Wer gut plant, vor allem auch die Grundvorräte, auf Biosonderangebote achtet und sich immer eine kleine Finanzreserve vom Monatsbudget zusammenspart, kann auch seine Grundvorräte um schöne Gewürze und Kräuter, ein paar besondere Trockenfrüchte oder ähnliches erweitern.

Kleine Köstlichkeiten aus der eigenen Küche sind auch immer ein nettes Mitbringsel. Die hier vorgestellten Kuchen haben das Budget nicht überschritten, sind zum „Sattwerden" nicht wirklich nötig und somit perfekt als kleines Präsent.

Wie ist das denn nun passiert, dass ich so „einfach" mit dem Geld ausgekommen bin? Da gibt es einige wichtige Punkte:

- Ich habe mir vor dem Monat und dann wieder jeweils vor den einzelnen Wochen genau überlegt, was ich brauche.
- Einkaufen, und das kann man ja auch sonst lesen, immer nur mit festen Vorgaben und Einkaufszettel. Da rutschen ja trotzdem immer noch ungeplante Dinge in den Einkaufskorb. Ohne den festen Vorsatz „Ich kaufe nur X, Y und Z" wird das aber unüberschaubar.

- Beim Kochen nicht mehr einfach „hineinkippen", sondern auch hier vorher überlegen, welche Mengen hinein sollen. Das gilt vor allem auch für Öl und Sahne. Daran muss man sich nicht sklavisch halten, aber doch immer ein kontrollierendes Auge auf die eigene Hand halten.
- Auch kleine Reste sinnvoll verwerten, statt sie einfach mal zwischendurch zu knabbern.
- Sonderangebote nutzen — klingt so selbstverständlich, ist es aber nicht.
- Weniger schnell verderbliche Lebensmittel wie Saaten, Mandeln und Getreide für einen Monat oder auch eine Woche vorportionieren. Ich hatte z.B. die Sonnenblumenkerne auf vier Honiggläser verteilt. Das hat mir sehr dabei geholfen, dass ich damit bis zum Ende hingekommen bin.
- Immer im Hinterkopf behalten, was sich aus Resten noch machen lässt. Gerade bei Gemüse bieten sich Aufstriche und Pestos, bei Getreide Bratlinge an.
- Reste so verwerten, dass sie wie eine neue Mahlzeit wirken. Das nimmt dem Rest den „Restgeschmack". Beispiel: Wenn Suppe übrig ist, sie am nächsten Tag pürieren.
- Größere Mengen von Gemüse ein über den anderen Tag essen, damit man nicht den Eindruck bekommen „Oh je, so viel Rotkohl, jetzt gibt es eine Woche lang nur Rotkohl".

Wenn ich in der letzten Woche mir nicht dessen bewusst gewesen wäre, dass ich ja bald wieder „normal" einkaufe, hätte ich bestimmte Dinge nicht gekauft, wie z.B. das zweite Päckchen Butter. Mit ein bisschen Geschick hätte ich durchaus 5 Euro einsparen können. Diese hätte ich außer den noch vorhanden Lebensmittelresten in den nächsten Monat übertragen können.

Planung

Meine Planung sah also so aus, dass ich nicht jeden Tag ausrechnen wollte, ob ich nun die 4,25 Euro ausgegeben habe oder nicht. Ich finde solche Zusammenstellungen einfach unübersichtlich, wo der Preis für 10 g Sonnenblumenkerne, 10 g Sahne usw. addiert wird.

Die erste Frage für mich war: Ja, was brauche ich als Vollwertlerin überhaupt an Lebensmitteln? Was ist neben den Frischwaren als Grundausrüstung anzusehen?

- Getreide (für das Frischkorngericht [FKG] und für Brot)
- Nüsse (für das Frischkorngericht)
- Öl (für Salate)
- Hülsenfrüchte
- Sahne
- Butter
- Zitronen (für das Frischkorngericht)
- frisches Gemüse
- frisches Obst
- Salz

Reis habe ich in dieser Liste nicht aufgeführt. Ich selbst esse nicht so gerne Reis, wer aber auf den Reis nicht verzichten möchte, nimmt eben nicht ein Kilogramm Hirse, sondern nur ein Pfund und dann noch ein Pfund Reis.

Die im folgenden aufgeführten Preise mögen in einem Jahr oder in zwei Jahren (Stand: Februar 2009) überholt sein. Das Prinzip wird sich aber nicht wesentlich verändern – Kartoffeln waren immer schon das billigste Gemüse.

Praktische Rechnung

Das billigste ***Getreide***, das ich in Demeter-Qualität bei meinem Bioladen bekomme, ist Weizen. Ein Vorrat von 5 kg reicht gut für 31 Tage:

4 Brote zu je 500 g Mehl = 2000 g Mehl

31 x 50 g für das Frischkorngericht = 1550 g Getreide

Zusammen 3550 g Getreide, das heißt, ich habe einen Überschuss von 1450 g. Daraus kann ich z.B. noch Suppen und Beilagen kochen, Sprossen ziehen oder Kuchen backen. Wenn noch mehr übrig bleibt, kann ich mir so auf die Dauer ein anderes Getreide „zusammensparen". Wenn ich nämlich irgendwann einen Rest Weizen von insgesamt 3550 g Getreide habe, kaufe ich z.B. 5 kg Roggen.

Neben Weizen habe ich außerdem noch 1 kg Nackthafer (2,99 Euro) und 1 kg Hirse (2,99 Euro) als Startgetreide gekauft.

Nüsse (Mandeln) brauche ich 10 g pro Tag für das FKG = 310 g Mandeln. Ich kaufe 500 g für 8,99 Euro im Reformhaus und habe somit auch hier einen Überhang für Mandelmilch oder Kuchen.

Außerdem kaufe ich noch Leinsamen vom Bioladen (1 kg 1,99 Euro) und Sonnenblumenkerne im Drogeriemarkt (1 kg 3,30 Euro). Sonnenblumenkerne können mir im Frühstück auch schon mal die Mandeln ersetzen.

Sahne brauche ich mindestens einen Esslöffel pro Tag, das sind 31 Esslöffel = 310 ml. Ich kaufe für einen Monat also mindestens 500 ml Sahne.

Ich setze pro Monat einen Liter ***Öl*** an, in diesem Fall wähle ich Sonnenblumenöl, weil das am neutralsten – und auch am preiswertesten – ist. Macht 3,50 Euro (Drogeriemarkt).

Als ***Hülsenfrüchte*** kaufe ich 500 g Kichererbsen (1,35 Euro) im Drogeriemarkt.

Ein Päckchen ***Butter*** im Monat sollte reichen = 1,99 Euro (Bioladen). Wenn ich noch Geld herausspare, kann ich mir noch ein Päckchen leisten.

Damit hatte ich eine Summe, die von vornherein „belegt" war. Den Rest habe ich durch 4 dividiert und wusste nun, wie viel ich für Frischwaren jede Woche habe.

Mein Starterkit sah also aus wie folgt:

5,95 Euro Weizen (Bio)
2,99 Euro Hirse (Bio)
2,99 Euro Nackthafer (Bio)
1,99 Euro Leinsamen (Bio)
1,35 Euro Kichererbsen (Drogeriemarkt)
1,99 Euro Butter (Bio)
2,29 Euro Sahne (Bio)
8,99 Euro Mandeln (Reformhaus) 500 g
3,50 Euro 1 Liter Öl (Drogeriemarkt)
3,30 Euro 1 kg Sonnenblumenkerne (Drogeriemarkt)
2,95 Euro Honig 500 g (Drogeriemarkt)
1,69 Euro Apfelessig (Bio)
0,75 Euro Meersalz jodfrei (Drogeriemarkt)

Macht 40,73 Euro.

Bleiben 91,27 Euro. Pro Woche bleiben mir somit etwa gut 22 Euro für Obst, Gemüse und – wenn ich sparsam bin – kleine Extras. Die weiteren Rechnungen habe ich detailliert vor den Rezepten aufgeführt.

Erfahrungen

Vieles habe ich aus dieser Phase auch in mein „normales" Leben mitnehmen können. Als erstes hat es mich wieder zu den drei Mahlzeiten gebracht. Man kommt ja doch immer wieder leicht in einen Schludrian. Vorräte sind aber einfach nicht mehr überschaubar, wenn ich hier und dort nasche.

Als zweites hat es mich auch wieder besser dahin gebracht, eine richtige Rohkost vor der warmen Mahlzeit zu essen, statt nur so einer Möhre zwischendurch beim Kochen. Essen bekommt ja dann am besten und schmeckt auch besonders gut, wenn ich es in Ruhe verzehre, und nicht so zwischendurch „einwerfe".

Ferner hat es mir wieder in Erinnerung gerufen, wie viel „teure" exotische Sachen sich so ins Leben einschleichen, die nicht wirklich erforderlich sind bzw. wenn wir sie seltener kaufen, dann auch etwas Besonderes bleiben.

Wer einmal wirklich versucht, mit wenigen gleichen Zutaten immer wieder ein doch leicht verändertes Frischkorngericht zu zaubern, weiß, wie dies die Fantasie anregt. Im Grunde konnte ich in den 31 Tagen gar nicht alle Ideen umsetzen, die ich hatte – die Zeit reichte nicht. Hätte ich nicht schon lange vorher feste Termine für die Folgezeit gehabt, die mich essensmäßig festlegten, hätte ich die Hartz IV-Phase verdoppelt. Sicherlich werde ich aber verstärkt auch „nachher" mit einfachen Lebensmitteln kochen.

Genauso gut auch habe ich wieder ein Gespür dafür bekommen, wie kleine Änderungen beim Kochen doch Neues bieten können, wie z.B. die diversen Wirsinggerichte zeigen.

Ebenfalls bewusst geworden ist mir, wie viel wir wegwerfen, auch wenn wir glauben, dass wir doch wirklich alles gut verwenden. Den Topf mal nicht ganz so leer kratzen, den Mixbecher spülen, obwohl noch ein wenig Obst drin hängt: Dies alles sind Dinge, die doch viele von uns tun, und die doch im Grunde bedauerlich sind. Auch hier habe ich (wieder) hinzugelernt.

Struktur des Rezeptteils

Ich habe den Rezeptteil protokollartig aufgebaut. Das heißt, ich habe genau mit Rezept notiert, was ich wann gegessen habe und an welchem Tag.

Ich selbst kann es in Rezeptbüchern nicht leiden, wenn ich für Grundvorgänge immer wieder auf Rezepte vorher verwiesen werde, das ist lästig. Ich habe daher auch ähnliche Dinge immer wieder voll beschrieben, so dass sich fast jedes Rezept nachkochen lässt, ohne dass man blättern und suchen muss.

Noch etwas anderes habe ich mit Erleichterung festgestellt: Durch meine immer stärker werdende Tendenz, saisonal und regional einzukaufen und die wachsende Vorliebe für Schlichtheit beim Essen, bereite ich allgemein eher preiswerte Gerichte zu. Daher finden sich auch auf meiner Rezepteseite http://www.vollwertkochbuch.de noch mehr Rezepte für preiswerte Gerichte, als dieses kleine Büchlein bieten kann.

Um dem Anspruch der Preiswertigkeit entgegenzukommen, habe ich die Zahl der Seiten mit Farbfotos stark eingeschränkt, denn jede Farbseite macht das Buch teurer.

Was bleibt nach 31 Tagen?

Obwohl ich mich bemüht habe, alles aufzubrauchen, habe ich Reste überbehalten, die gut in einen nächsten Monat eingehen könnten: Etwa 200 g Salz; 100 g Weizen, 20 g Roggen, 50 g Hirse, 100 g Rotkohl, 300 g Kartoffeln, eine Zitrone, 250 ml Essig. Ein Glas mit Pesto, etwa 100 g Butter, 20 ml Öl, etwas Speiseeis und 1,65 Euro. Das klingt jetzt vielleicht nicht viel, es ist aber mehr, als ich zu Beginn dieses Experiments hatte. Wenn ich also noch weitere Monate anhängen würde, hätte ich damit schon einen kleinen Vorsprung. Der wäre sogar noch etwas größer, denn ich hätte in der letzten Woche bewusster eingekauft, während ich so immer eher gedacht habe: Ach, ich habe noch xxx Euro, was kann ich mir dafür noch leisten?

Im Rückblick würde ich einiges anders machen: Mehr Speiseöl, weniger Sahne, weniger Mandeln, dafür mehr Sonnenblumenkerne kaufen. Im „Ernstfall“ würde ich auch weniger an andere verschenken, also nicht jede Woche Kuchen und Plätzchen backen, dafür lieber Obst und Gemüse kaufen. Andererseits sind natürlich Dinge wie Kuchen, Knäckebrot und Speiseeis auch wichtig für die gute Laune.

Gespartes Geld würde ich auch lieber in mehr Hülsenfrüchte investieren. Ich würde noch wesentlich mehr Getreide, Hülsenfrüchte und Sonnenblumenkerne sprossen lassen, da lassen sich Vorräte prima mit „vermehren".

Ziel des Buchs

Mein Ziel war herauszufinden, ob ich mit 132 Euro einigermaßen vernünftig vollwertig und bio essen kann. Den Beweis konnte ich führen. Gleichzeitig möchte ich auch Anstöße zum Sparen im Bereich Essen geben, die nicht auf Kosten der Qualität gehen. Die vorgestellten Rezepte sind keine Vorschrift, die es zu beachten gilt, um sparsam zu leben, sondern Anregungen, wie sich ein knappes Budget abwechslungsreich und lecker gestalten lässt.

Am Ende der letzten Woche habe ich einfach noch ein bisschen Geld „verschwendet", dass ich sicher im Normalfall sinnvoller ausgegeben hätte. Dennoch ist mir der eine oder andere Euro für ein bisschen Luxus geblieben, zumindest für das, was ich unter Luxus verstehe.

Auch wer glaubt, er kann mit so einem Budget im Winter nur von Kohl und Kartoffeln leben, irrt. Wer sich im Bioladen beraten lässt und bewusst einkauft, hat da durchaus Abwechslung, die ich dann meist in die Rohkost habe einfließen lassen.

Ein zweites Ziel dieses Buches ist es, anderen dabei zu helfen, ihre Sparpotenziale zu sehen. Einen Blick dafür zu bekommen, wie sich mit wenigen Handgriffen und Veränderungen aus drei Grundzutaten quasi zwei sehr unterschiedliche Gerichte herstellen lassen. Dies schon in den Wintermonaten, in den Sommermonaten dürfte das noch wesentlich einfacher werden.

Grundausstattung

Anfangssumme: 132 Euro

STARTKIT:

5 kg Weizen Demeter-Qualität (Bioladen)	5,95 Euro
1 kg Hirse Demeter-Qualität (Bioladen)	2,99 Euro
1 kg Nackthafer Demeter-Qualtät (Bioladen)	2,99 Euro
500 g Leinsamen (Bioladen)	1,99 Euro
500 g Kichererbsen (Bioladen)	1,35 Euro
250 g Butter (Bioladen)	1,99 Euro
500 ml Sahne (Bioladen)	2,29 Euro
500 g Mandeln (Reformhaus)	8,99 Euro
1 Liter Sonnenblumenöl (Drogeriemarkt)	3,50 Euro
1 kg Sonnenblumenkerne (Drogeriemarkt)	3,30 Euro
500 g Honig (Drogeriemarkt)	2,95 Euro
1 Liter Apfelessig (Bioladen)	1,69 Euro
500 g Meersalz unjodiert (Drogeriemarkt)	0,75 Euro
SUMME	**40,73 Euro**

REST (132 Euro – 40,73 Euro)	91,27 Euro

Woche 1

Anfangssumme: 91,27 Euro

3 Bananen (Bioladen)	1,08 Euro
3 Zitronen Bioqualität (Gemüsegärtner)	1,00 Euro
2 kg Äpfel (Gemüsegärtner)	2,50 Euro
4 Birnen (Gemüsegärtner)	1,00 Euro
2 kg Möhren (Gemüsegärtner)	3,00 Euro
1,5 kg Weißkohl (Gemüsegärtner)	2,00 Euro
2 kg Kartoffeln (Gemüsegärtner)	1,60 Euro
750 g Wirsing (Gemüsegärtner)	1,00 Euro
1 großer Endiviensalat (Gemüsegärtner)	1,50 Euro
1 kg Rotkohl (Gemüsegärtner)	1,50 Euro
250 g Rote Beete (Gemüsegärtner)	0,40 Euro
200 g Datteln (Drogeriemarkt)	1,65 Euro
1 Würfel Bio-Hefe, 42 g (Bioladen)	0,59 Euro
SUMME	**18,82 Euro**

Übertrag für Woche 2 (91,27 Euro – 18,82 Euro) .... 72,45 Euro

Da ich mein Vorgehen mit dem Bioladen aufgrund von Email-Problemen nicht hatte abstimmen können, habe ich in der ersten Woche Gemüse und Obst ausschließlich bei einem regionalen Gemüsegärtner gekauft.

Tag 1

Standardsalatsoße mit Ingwer

- 1 gehäufter Esslöffel Salz
- 130 g Sonnenblumenöl
- 295 g Essig
- 1 Teelöffel gemahlener Pfeffer
- 1 Teelöffel gemahlener Ingwer (oder ein anderes Kraut/Gewürz)
- 40 g Honig
- Wasser

Alle Zutaten in einem 1 Liter-Glas mit Schraubdeckel mit einem Löffel miteinander mischen, mit Wasser auffüllen und nochmals durchmischen.

Im Kühlschrank aufbewahren. Vor Entnahme jeweils nochmals durchrühren.

Zitronenschaum Nr. 1

- 1 Zitrone (erster Versuch noch ohne Wasser)

Zitrone schälen, in Stücke schneiden und Kerne entfernen. In dem Becher eines kleinen Mixers sehr gut verrühren. Was nicht gebraucht wird, in dem Becher lassen und mit dem dazugehörigen Deckel zuschrauben. Im Kühlschrank aufbewahren. Dies hat den Vorteil, dass nichts von der Zitrone verschwendet wird. Wer keinen Mixer hat, presst die Zitrone sehr, sehr gut aus, wirft Kerne und Fruchtschale weg und mischt Saft und Fruchtfleisch. Hält sich 5-6 Tage und ist dann meist aufgebraucht. Reste wie oben beschrieben aufbewahren.

Frischkorngericht Weizen-Banane

- 50 g Weizen
- 75 ml Wasser
- 1 Esslöffel Zitronenschaum
- 2 kleine Äpfel (200 g)
- 1 Banane (140 g netto)
- 10 g Mandeln

Vorabend:

50 g Weizen grob schroten (in einer Getreidemühle oder einem kleinen Mixer). Mit Wasser verrühren und über Nacht abgedeckt stehen lassen (nicht im Kühlschrank).

Morgens:

Weizenschrot mit dem Zitronenschaum verrühren. Einen Apfel und die halbe Banane miteinander pürieren (Mixer oder per Hand). Unter den Schrot mischen. Vom zweiten Apfel ein Viertel zur Seite legen. Restapfel und zweite Bananenhälfte in Stücke schneiden und untermischen. Oberfläche glatt streichen, das Apfelviertel in Spalten schneiden. In die Mitte legen, am Rand die Mandeln verteilen.

Sonnendrink

- 20 g Sonnenblumenkerne
- 15 g Nackthafer
- 1 Esslöffel Sahne (gehört normalerweise ins Frischkorngericht)
- 400-450 ml kochend heißes Wasser

Sonnenblumenkerne und Hafer in einem kleinen Mixer sehr fein mahlen und in eine kleine Schale umfüllen. Sahne und einen Teil des Wassers in den Becher geben, dann das Mahlgut hinzufügen. Gut durchmixen, mit Wasser auffüllen und nochmals sehr gut mixen. Oben stehen etwa 1,5-2 cm Schaum.

Rotkohlapfelsalat (Hauptmahlzeit)

Rotkohlsalat

- 200 g Rotkohl
- 1 kleiner Apfel (100 g)
- 6 Esslöffel Standardsalatsoße

Pellkartoffeln

- 200 g Kartoffeln

Rotkohlapfelsalat:

Rotkohl fein raffeln (mit dem Messer, einem Zerkleinerer oder einer Raffel). Apfel in kleine Stücke schneiden. Die Soße darüber gießen und alles gut verrühren.

Pellkartoffeln:

Kartoffeln in einen Topf geben, so viel Wasser hinzugeben, dass sie knapp bedeckt sind. Deckel auflegen und zum Kochen bringen. Sobald das Wasser kocht, Platte auf kleinere Einstellung drehen, sodass das Wasser noch kocht, aber nicht überkocht. Je nach Größe der Kartoffeln kann es 20-30 Minuten dauern, bis sie gar sind. Der Test: Mit einem scharfen spitzen Messer in eine Kartoffel stechen. Wenn das Messer ohne Widerstand glatt hineingleitet, sind die Kartoffeln gar. Oder: Eine Gabel in die Kartoffel stechen, wenn die Kartoffel abrutscht, ist sie gar. Kurz abkühlen lassen und Schale abziehen. Eventuell mit etwas Salz reichen.

Tipp:

Wer mittags wenig Zeit hat, kann den Rotkohl schon morgens raffeln und bis Mittag in einer gut schließenden Plastikdose im Kühlschrank aufbewahren.

Geleinter Hirsedrink

- 10 g Hirse
- 20 g Leinsamen
- 400-450 ml kochend heißes Wasser

Hirse und Leinsamen in einem kleinen Mixer sehr fein mahlen und in eine kleine Schale umfüllen. Einen Teil des Wassers in den Becher geben, dann das Mahlgut hinzufügen. Gut durchmixen, mit Wasser auffüllen und nochmals sehr gut mixen. Oben stehen etwa 1,5-2 cm Schaum.

Endivienrohkost mit Apfeldressing

Dressing:

- 1 Stück Apfel (40 g)
- 1 Teelöffel Zitronen-schaum
- 2 Teelöffel Sonnenblu-menöl
- 3 Esslöffel Wasser
- 1 gestr. Teelöffel Salz
- Etwas frisch gemahlener Pfeffer

Feste Zutaten:

- 70 g Endiviensalat
- 25 g Möhre

Die Dressingzutaten in einem kleinen Mixer gut miteinander mischen, bis sich eine schöne glatte Soße ergibt. Wer keinen Mixer hat, reibt den Apfel und mischt die Zutaten mit einer Gabel.

Endivienblätter gut abwaschen, in einem Geschirrtuch trockenschleudern und in Streifen schneiden. Auf einen flachen Essteller geben. Möhren in Scheiben schneiden, auf den Endivienblättern verteilen.

Dressing locker über den Salat verteilen.

Nicht zu lange stehen lassen, da sich das Apfeldressing sonst verfärbt. Am besten mit der Zubereitung beginnen, sobald z.B. der Hirsewirsing in der Pfanne auf dem Herd ist.

Hirsewirsing in Vinaigrette

Gemüse (Zubereitungszeit ca. 30 Minuten):

- 200 ml Wasser
- 60 g Hirse
- 240 g Wirsing (300 g brutto)
- 50 g Möhren

Vinaigrette:

- 1 Teelöffel Sonnenblumenöl
- 1 Esslöffel Apfelessig
- 1 gestr. Teelöffel Salz
- etwas frisch gemahlener Pfeffer
- 1 gestr. Teelöffel Senf
- 3 Esslöffel Wasser

Wasser in eine Pfanne geben, Hirse hineinstreuen.

Wirsing gut waschen. Dicke Rippen herausschneiden. Den verbleibenden Wirsing in Streifen schneiden, die Hälfte in die Pfanne geben. Möhren in Scheiben schneiden, auf den Wirsing legen und mit dem restlichen Wirsing bedecken.

Auf höchster Einstellung zum Kochen bringen. Sobald Dampf unter dem Deckel entweicht, auf kleinste Einstellung drehen und 20 Minuten dünsten, ohne den Deckel abzuheben.

Die Zutaten für die Vinaigrette gut miteinander verquirlen, am besten in einem kleinen Mixer. Über das Gemüse gießen und gut umrühren.

Tipp:

Die Rippenstücke habe ich eingefroren und später einmal in einem Aufstrich und dann noch in einem Pesto mit verarbeitet.

Weizensprossen (im Keimglas)

- 50 g Weizen
- 300 ml Wasser

Weizen in einer kleinen Schüssel mit dem Wasser übergießen. Über Nacht stehen lassen. Morgens den Weizen abtropfen lassen, in einem Sieb abspülen. Wieder in die Schüssel geben und bis abends stehen lassen. Dann wieder im Sieb durchspülen. So jeweils morgens und abends fortfahren. Wahlweise kann man, wie hier abgebildet, auch ein Keimglas nehmen (ca. 7-8 Euro).

Tag 2

Birnenfrühstück

- 50 g Weizen
- 75 ml Wasser
- 1 Esslöffel Zitronenschaum
- 1 Birne (220 g)
- 1,5 kleine Äpfel (150 g)
- 10 g Sonnenblumenkerne

Vorabend:

50 g Weizen grob schroten (in einer Getreidemühle oder einem kleinen Mixer). Mit Wasser verrühren und über Nacht abgedeckt stehen lassen (nicht im Kühlschrank).

Morgens:

Weizenschrot mit Zitronenschaum verrühren. Birne in Scheiben schneiden, in der Mitte drei ganz dünne Scheibchen abschneiden und zur Seite legen. Restliche Birne mit dem halben Apfel pürieren (Mixer oder per Hand; beim Mixer immer wieder stoppen, damit das Messer wieder greifen kann). Unter den Schrot mischen. Den zweiten Apfel in kleine Stücke schneiden und mit den Sonnenblumenkernen und dem Obstpüree unter den Getreideschrot mischen. Oberfläche glatt streichen, die Birnenscheiben überlappend In die Mitte legen.

Mandelschaum (Drink)

- 10 g Mandeln
- 15 g Sahne (gehört normalerweise ins Frischkorngericht)
- 400-450 ml kochend heißes Wasser

Mandeln in einem kleinen Mixer sehr fein mahlen und in eine kleine Schale umfüllen. Sahne und einen Teil des Wassers in den Becher geben, dann die Mandeln hinzufügen. Gut durchmixen, mit Wasser auffüllen und nochmals sehr gut mixen. Oben stehen etwa 1,5-2 cm Schaum.

Wirsingmöhrensalat mit Dünstkartoffeln (Hauptmahlzeit)

Wirsingmöhrensalat

- 115 g Wirsing
- 1 Möhre (130 g)
- 5 Esslöffel Standardsalatsoße
- 10 g Sonnenblumenkerne

Dünstkartoffeln

- 200 g Kartoffeln
- 50 ml Wasser

Wirsingmöhrensalat:

Wirsing waschen und in feine Streifen schneiden, Möhre in dünne Scheiben schneiden. In einer Schüssel mit der Salatsoße verrühren. Mit Sonnenblumenkernen bestreuen.

Tipp:

Wer mittags wenig Zeit hat, kann das Gemüse für den Salat schon morgens vorbereiten und bis mittag in einer gut schließenden Plastikdose im Kühlschrank aufbewahren.

Dünstkartoffeln:

Wasser in eine kleine Pfanne gießen. Kartoffeln unter fließendem Wasser gut abbürsten und ungeschält in Scheiben von etwa 5 mm Dicke schneiden. In die Pfanne geben. Deckel auflegen und auf höchster Einstellung zum Kochen bringen. Sobald Dampf unter dem Deckel austritt, auf kleinste Stufe stellen und 20 Minuten dünsten lassen.

Kurz abkühlen lassen, auf einen Teller geben und mit etwas Salz reichen.

Endivienblüte

Feste Zutaten:

- 55 g Endivie
- 1/2 Apfel (50 g)
- 60 g rote Beete

Dressing:

- Ein kleines Stück rote Beete (von den 60 g oben)
- 3 Esslöffel Standardsalatsoße
- 1 Esslöffel Sahne
- 5 g Honig

Endivienblätter waschen, gut abtrocknen (in einem Geschirrtuch ausschleudern). In Streifen schneiden und auf einem flachen Essteller auslegen.

Apfel und rote Beete zusammen raffeln (z.B. im Zerkleinerer oder mit einer Handraffel), in die Mitte des Endiviensalats häufeln.

1/2 Teelöffel der geraffelten roten Beete zusammen mit den anderen Dressingzutaten in einem kleinen Mixer gut verschlagen. Mit einem Löffel an den Rand des Rote Beete-Apfelhügels auf den Endiviensalat gießen.

Rotkohlauflauf mit Haferkartoffelkruste

(Zubereitungszeit ca. 75 Minuten, davon 15 Minuten Arbeitszeit)

- 1 Esslöffel Öl
- 200 g Rotkohl
- 100 g Möhre
- 1/2 Teelöffel Salz
- 125 g Wasser

- 50 g Nackthafer
- 1 kleine Kartoffel (40 g)
- 2 Teelöffel Öl
- 1 Prise Salz
- 50-75 ml Wasser

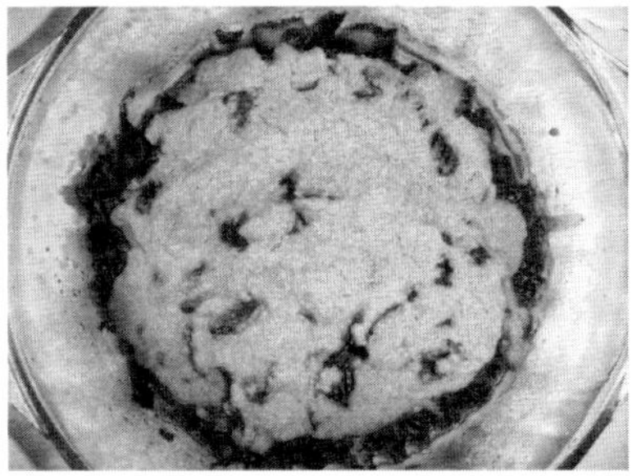

Eine Auflaufform mit dem Esslöffel Öl auspinseln.

Rotkohl klein schneiden (z.B. im Zerkleinerer), die Hälfte in die Auflaufform füllen. Möhren in Scheiben schneiden, auf den Rotkohl legen und mit dem Rest Rotkohl bedecken. Mit Salz bestreuen und 125 g Wasser darüber gießen.

Hafer grob schroten (Getreidemühle oder kleiner Mixer). Dann mit der Kartoffel und dem Öl in einem kleinen Mixer verschlagen, Wasser und Salz hinzugeben und gut durchmixen. Löffelweise oben auf dem Rotkohl verteilen.

Deckel auflegen und in den kalten Ofen schieben. Auf 200 °C (Umluft) stellen, 30 Minuten backen. Dann auf 175 °C schalten und weitere 15 Minuten backen. Deckel abnehmen und nochmals 15 Minuten backen.

Rosa Zimtdrink

- 10 g Nackthafer
- 10 g Leinsamen
- Ein paar Körnchen Salz (wirklich nur sehr wenig!)
- Eine kleine Prise Zimt
- 5-6 g Honig
- 1 erbsgroßes Stück rote Beete
- 450-500 ml heißes Wasser

Hafer und Leinsamen in einem kleinen Mixer im großen Becher fein mahlen, in eine kleine Schüssel umfüllen, Salz und Zimt hinzufügen. Den Becher etwa halb mit Wasser füllen, Honig, rote Beete und Mahlgut hinzugeben und gut mixen. Mit Wasser auffüllen und noch ein letztes Mal sehr gut durchmixen.

Tag 3

Frühstück mit Möhre

- 50 g Weizen
- 75 ml Wasser
- 10 g Mandeln

- 95 g Möhre
- 2,5 Äpfel (220 g)
- 1/2 Esslöffel Zitronenschaum
- 1 Esslöffel Sahne

Vorabend:

50 g Weizen grob schroten (in einer Getreidemühle oder einem kleinen Mixer). Mit Wasser verrühren und über Nacht abgedeckt stehen lassen (nicht im Kühlschrank). Mandeln getrennt in etwas Wasser einweichen.

Morgens:

Möhre und 1,5 Äpfel (135 g) in Stücke schneiden und mit dem Zitronenschaum und der Sahne pürieren (Mixer oder per Hand; beim Mixer immer wieder stoppen, damit das Messer wieder greifen kann). Unter den Schrot mischen. Den zweiten Apfel (85 g) in kleine Stücke schneiden und mit dem Obstpüree unter den Getreideschrot mischen. Oberfläche glatt streichen, in die Mitte eine Kuhle drücken und die Sahne hineingießen.

Süßer Haferdrink

- 10 g Nackthafer
- 10 g Honig
- 1 Prise Sternanis oder Zimt
- 400-500 ml kochendes Wasser

Hafer in einem kleinen Mixer sehr fein mahlen und in eine kleine Schale umfüllen. Einen Teil des Wassers in den Becher geben, Honig hinzugeben und den Löffel im heißen Wasser schwenken, bis der Honig sich gelöst hat. Dann den Hafer und den Anis hinzufügen. Gut durchmixen, mit Wasser auffüllen und nochmals sehr gut mixen.

Hot Banana (Drink nach dem Mittagessen)

- 10 g Leinsamen
- 30 g Banane (Rest für das nächste Frühstück verwahren)
- 400-500 ml kochendes Wasser

Leinsamen in einem kleinen Mixer im großen Becher fein mahlen, in eine kleine Schüssel umfüllen. Banane in Stücken in den Mixbecher geben, den Becher etwa halb mit Wasser füllen. Leinsamen hinzugeben und gut mixen. Mit Wasser auffüllen und noch ein letztes Mal sehr gut durchmixen.

Endivienrotkohlsalat mit Dämpf-Kartoffel-Möhren (Hauptmahlzeit)

Endivienrotkohlsalat
- 100 g Endivien
- 100 g Rotkohl
- 50 g Möhre (20 g zur Dekoration beiseite legen)
- 1 Esslöffel Zitronenschaum
- 1 Teelöffel Honig (12 g)
- 2 Esslöffel Wasser
- 1 Prise Salz
- Etwas frisch gemahlener Pfeffer

Dünstkartoffeln
- 3 Esslöffel Wasser
- 1 Esslöffel Sonnenblumenöl
- 145 g Kartoffeln
- 65 g Möhre
- 50 ml Wasser
- Eine Prise Salz

Endivienrotkohlsalat:
Endivie waschen, in Streifen schneiden. Rotkohl und Möhre klein schneiden. In einer Schüssel vermischen. Zitronenschaum, Honig, Wasser, Salz und Pfeffer in einem kleinen Mixer oder mit der Gabel gut verschlagen und unter den Salat rühren. 20 g Möhre in längliche Streifen schneiden und als Dekoration auflegen.

Dämpf-Kartoffelmöhren:
Wasser und Öl in einer kleinen Pfanne vermischen. Kartoffeln unter fließendem Wasser gut abbürsten und ungeschält in Scheiben von etwa 5 mm Dicke schneiden, Möhren ebenfalls in Scheiben schneiden. Beides in die Pfanne geben. Deckel auflegen und auf höchster Einstellung zum Kochen bringen. Sobald Dampf unter dem Deckel austritt, auf kleinste Stufe stellen und 20 Minuten dünsten lassen. In den letzten drei Minute nochmals auf höchste Einstellung drehen, damit die Flüssigkeit verdampft. Salzen.

Tag 4

Sprossenmorgen

Neuer Zitronenschaum (S. 30)

- 1 Zitrone, 1 Esslöffel Wasser

Zitrone schälen, Kerne entfernen, mit 1 Esslöffel Wasser in einem kleinen Mixer verschlagen und im Kühlschrank aufbewahren.

Morgens:

- 50 g Weizensprossen
- 1 Teelöffel Zitronenschaum
- 2/3 Banane (60 g netto)
- 10 g Mandeln
- 3 Äpfel (240 g)

In dem alten Zitronenschaumbecher ist noch ein Rest von einem Teelöffel. Um nichts zu vergeuden, Frühstücksobst darin mixen. Banane und 2 Äpfel (160 g) kleinschneiden, mit dem Zitronenschaum pürieren. Zum Schluss noch die Mandeln mitschlagen. 1-2 Teelöffel Sprossen beiseite legen, die restlichen Sprossen mit dem Obstpüree vermischen. Den dritten Apfel würfeln und unterrühren. Glatt streichen, mit den beiseite gelegten Sprossen dekorieren.

Schlemmerdrink

- 4 g Leinsamen (1 Teelöffel)
- 15 g Nackthafer (1 Esslöffel)
- 10 g Sonnenblumenkerne (1 Esslöffel)
- 2 Esslöffel Sahne
- 15 g Honig, 1 Prise Zimt
- 400-500 ml kochendes Wasser

Leinsamen, Hafer und Sonnenblumenkerne in einem kleinen Mixer im großen Becher fein mahlen, in eine kleine Schüssel umfüllen. Sahne in den Mixbecher geben, den Becher etwa halb mit Wasser füllen. Mahlgut und Honig hinzugeben und gut mixen. Mit Wasser auffüllen und noch ein letztes Mal sehr gut durchmixen. Mit etwas Zimt bestreuen.

Sonnenbrot

- 1/2 Würfel Bio-Hefe (20 g)
- 100 g Wasser

- 500 g Weizen
- 100 g Wasser
- 100 g Sonnenblumenkerne
- 125 g Wasser
- 2 gestr. Teelöffel Salz

Hefe in 100 g Wasser verrühren.
250 g Weizen mahlen. In die Mitte eine Kuhle drücken, Hefewasser hineingießen und mit etwas Mehl zu einem Brei verrühren. 20 Minuten stehen lassen.

100 g Wasser hinzugeben und alles gut miteinander verrühren. Teigschüssel in eine Plastiktüte stecken und auf der Fensterbank 30 Minuten gehen lassen.

Die restlichen 250 g Weizen mahlen, 100 g von den 125 g Wasser mit den übrigen Zutaten verkneten. Allmählich die restlichen 25 g Wasser einarbeiten. Gut durchkneten und zu einer Teigkugel unter Spannung formen (Ecken immer wieder nach innen schlagen). Wie oben beschrieben auf der Fensterbank 45 Minuten gehen lassen.

Nochmals gut durchkneten, zu einer Kugel unter Spannung und dann zu einem Brotlaib formen. Mit einer umgedrehten Plastikschüssel abdecken und 10 Minuten gehen lassen. Dabei den Ofen auf 200 °C (Umluft) vorheizen, auf dem Boden steht eine feuerfeste Form mit Wasser.

Brot kreuzweise einschneiden, mit Wasser einsprühen und auf einem mit Dauerbackfolie ausgelegten Backblech in den Ofen schieben.

30 Minuten bei 200 °C, dann 20 Minuten bei 175 °C backen. Klopfprobe machen, wenn es hohl klingt, ist das Brot gar. Auf ein Kuchengitter zum Auskühlen geben und mit Wasser einsprühen.

Tipp:

Wer keine Dauerbackfolie besitzt, pinselt dünn Öl oder flüssige Butter auf das Backblech.

Apfelküchlein

- 250 g Weizen
- 1 Prise Salz
- 1/2 Würfel Bio-Hefe (20 g)
- 100 g Wasser
- abgeriebene Schale 1/2 Zitrone
- 50 g Honig
- 2 Esslöffel Sahne
- 50 g Wasser

- 1 Esslöffel Öl für die Form
- 250 g Äpfel

- 20 g Sonnenblumenkerne
- 50 g Butter
- 50 g Honig
- 1 Prise Zimt

Weizen fein mahlen und mit dem Salz mischen. Hefe in 100 g Wasser auflösen. Mit Weizen, Schale, Honig, Sahne und 50 g Wasser gut verrühren und abgedeckt 20 Minuten gehen lassen.

In dieser Zeit den Ofen (Umluft) auf 175 °C vorheizen, auf dem Boden steht eine feuerfeste Form mit Wasser, und die Äpfel vorbereiten.

Äpfel halbieren und in Scheiben schneiden. Eine Springform am Boden mit Öl auspinseln. Den gegangenen Teig mit den nassen Händen auf dem Boden auseinanderdrücken. Die Apfelspalten im Kreis dicht auf den Boden legen, den Innenkreis so legen, dass die Apfelstücke eher „stecken" als liegen. Mit Sonnenblumenkernen bestreuen.

In den auf 175 °C vorgeheizten Ofen schieben (ich hatte vorher das Brot gebacken) und 30 Minuten backen. In den letzten Minuten Butter mit Honig und Zimt in einem Topf auf kleiner Hitze zerlassen. Den Kuchen mehrmals mit einem Holzspieß einstechen, die Buttermasse über die Äpfel pinseln, den Rest gleichmäßig darüber gießen. In den Ofen schieben, auf 200 °C stellen und nochmals 5 Minuten backen.

Aus dem Ofen nehmen, auf ein Kuchengitter stellen. Möglichst bald mit einem Messer am Rand der Form entlang fahren, damit die Honigkaramelmasse sich dort nicht ganz festsetzt. Erkalten lassen.

Ein Stück davon gibt es nach dem Abendessen als Nachtisch. Einen Teil habe ich Gästen angeboten, verschenkt oder mittags noch zum Nachtisch gegessen.

Apfelsalat mit Brot (Hauptmahlzeit)

- 75 g Möhre
- 75 g Rote Beete
- 125 g Apfelspalten
- 4 Esslöffel Standardsalatsoße
- 35 g Weizensprossen (der Rest der am 1. Tag angesetzten Sprossen)

Möhren in Scheiben, Rote Beete in Stifte schneiden und mit den halbierten Apfelspalten verrühren. Salatsoße darübergießen und gut vermischen. Die Sprossen am Rand verteilen. Danach eine Scheibe frisches Brot.

Endiviensalat mit Cremesoße

- 90 g Endiviensalat
- 10 g Sonnenblumenkerne
- 1 Teelöffel Zitronenschaum
- 3 Esslöffel Standardsalatsoße
- 1 Esslöffel Wasser

Salatblätter waschen und gut abtropfen lassen. In Streifen schneiden und in eine kleine Schüssel geben.

Sonnenblumenkerne in einem kleinen Mixer fein mahlen. Mit Zitronenschaum, Salatsoße und Wasser verquirlen. Ergibt eine weiße, cremige Soße. Über den Salat gießen. Vor dem warmen Essen verzehren.

Sonnenblumenkernsprossen

- 50 g Sonnenblumenkerne
- Wasser

Sonnenblumenkerne in einer kleinen Schüssel mit dem Wasser übergießen. Über Nacht stehen lassen. Morgens abtropfen lassen, in einem Sieb abspülen. Wieder in die Schüssel geben und bis abends stehen lassen usw.

Große Kohlroulade

Zubereitungszeit: 75 Minuten (davon 60 Minuten Backzeit)

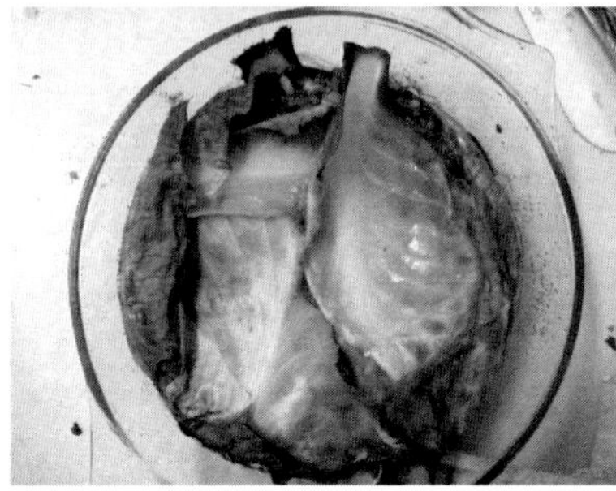

- 80 g Weizen
- 240 g kochendes Wasser
- 155 g Rotkohl
- 15 g Sonnenblumenkerne
- 15 g Leinsamen
- 1 gestr. Teelöffel Salz
- 1/2 Teelöffel Curry
- 2 Teelöffel Öl
- 125 g Weißkohlblätter
- 50 ml Wasser

Weizen mittelgrob schroten und mit dem kochenden Wasser übergießen und rühren, bis sich alle Klumpen gelöst haben. 4 Stunden quellen lassen.

Rotkohl fein schneiden, mit Sonnenblumenkernen, Leinsamen, Salz und Curry unter den Weizenschrot rühren.

Eine Auflaufform mit 2 Teelöffeln Öl auspinseln. Den Boden und die Seiten mit der Hälfte der Weißkohlblätter auslegen. Füllung hineingeben, mit den restlichen Kohlblättern gut abdecken. Oben 50 ml Wasser auf die Kohlblätter gießen. Deckel auflegen.

Die Form in den kalten Ofen setzen, den Heißluftofen auf 200 °C stellen, und 30 Minuten lang backen. Dann auf 175 °C stellen und 30 Minuten weiterbacken. Der Deckel bleibt geschlossen.

Tipp:

Wer den Weißkohl sehr weich möchte, sollte die Blätter vorher einige Minuten in kochendem oder kochend heißem Wasser liegen lassen.

Tag 5

Sonnige Banane

- 50 g Weizen
- 75 ml Wasser
- 10 g Sonnenblumenkerne
- 2 kleine Apfel (200 g)
- 1 Banane (160 g netto)
- 1 Esslöffel Zitronenschaum

Vorabend:

50 g Weizen grob schroten (in einer Getreidemühle oder einem kleinen Mixer). Mit Wasser und Sonnenblumenkernen verrühren und über Nacht abgedeckt stehen lassen (nicht im Kühlschrank).

Morgens:

Einen Apfel und Banane mit dem Zitronenschaum pürieren (Mixer oder per Hand). Unter den Schrot mischen. Den zweiten Apfel in Stücke schneiden und untermischen. Oberfläche glatt streichen.

Mandelsahne (Drink)

- 10 g Mandeln
- 1 Esslöffel Sahne
- 400-450 ml kochendes Wasser

Mandeln in einem kleinen Mixer im großen Becher fein mahlen, Sahne hinzugeben. Den Becher etwa halb mit Wasser füllen und gut mixen. Mit Wasser auffüllen und noch ein letztes Mal sehr gut durchmixen.

Rote Beete-Mix (Hauptmahlzeit)

- 110 g Möhre
- 130 g Rote Beete
- 60 g Endiviensalat
- 4 Esslöffel Standardsalatsoße

Möhren in Scheiben, Rote Beete in Stifte und gewaschene Endiviensalatblätter in Streifen schneiden und miteinander verrühren. Eventuell bis zum Mittagessen gut abgedeckt im Kühlschrank aufbewahren. Salatsoße darübergießen und gut vermischen.

Vom Sonnenbrot eine Scheibe nach dem Salat essen.

Leinsamenmilch

- 10 g Leinsamen
- 400-450 ml Wasser

Leinsamen in einem kleinen Mixer im großen Becher fein mahlen. Den Becher etwa halb mit Wasser füllen und gut mixen. Mit Wasser auffüllen und noch ein letztes Mal sehr gut durchmixen.

Endiviensalat mit Möhrenapfelfokus (für 2 Personen)

- 65 g Endiviensalat
- 65 g Möhre
- 1 Apfel (90 g)
- 6 Esslöffel Standardsalatsoße

Endiviensalatblätter waschen, in Streifen schneiden und auf zwei Dessertteller verteilen.

Möhre und Apfel fein raffeln (entweder mit einer Handraffel oder, grob vorgeschnitten, im Zerkleinerer). Mischen und in die Mitte des Endiviensalats häufeln.

Je 3 Esslöffel Salatsoße darüber gießen.

Abends:

100 g Kichererbsen in 250 g Wasser einweichen.

Möhrencurry (2 Personen)

Hirse:

- 200 g Hirse
- 400 g Wasser
- 1 gestr. Teelöffel Salz

Möhrencurry:

- 50 g Sonnenblumenkerne
- 50 g Weißkohlstrunk
- 450 g Möhren
- 30 g Datteln (ohne Steine)
- 2 Esslöffel Sonnenblumenöl
- 1 Teelöffel Currypulver
- 100 g Wasser
- 1 gestr. Teelöffel Salz
- 10 g Dinkel
- 2 Esslöffel Sahne
- 50 ml Wasser

Hirse, Wasser und Salz in einen Topf geben. Zum Kochen bringen, dann auf kleinster Einstellung ca. 20 Minuten köcheln lassen.

Sonnenblumenkerne (das lässt sich gut vorbereiten) in einer trockenen Pfanne unter gelegentlichem Rühren rösten, bis die Kerne beige gefärbt sind.

Weißkohlstrunk in kleine Stücke schneiden. Öl auf mittlerer Hitze in einer Pfanne erwärmen, Weißkohl und Currypulver einrühren und etwas rösten, bis die Weißkohlstücke leicht glasig sind. Möhren und Datteln in Scheiben bzw. Ringe schneiden, hinzugeben und unter Rühren kurz mit anschwitzen. Wasser und Salz hinzufügen. Deckel auflegen, zum Kochen bringen und auf kleiner Einstellung 15 Minuten köcheln lassen.

Dinkel fein mahlen. Mit Sahne und Wasser verquirlen (z.B. im Mixer). Unter das Gemüse rühren und kurz aufkochen lassen.

Beides in eine Schüssel füllen und servieren.

Hinweis:

Die Hirsemenge habe ich extra reichlich gewählt, weil ich einen Rest für Bratlinge haben wollte (sonst für 2 Personen: 140 g Hirse).

Wer gerne mehr Soße möchte, nimmt zum Verrühren des Mehls 100-125 ml Wasser.

Tag 6

Knuspersonne

- 50 g Weizen
- 75 ml Wasser

- 20 g Sonnenblumenkerne
- 1 kleiner Apfel (100 g)
- 1 Birne (260 g netto)
- 1 Esslöffel Zitronenschaum

Vorabend:

50 g Weizen grob schroten (in einer Getreidemühle oder einem kleinen Mixer). Mit Wasser verrühren und über Nacht abgedeckt stehen lassen (nicht im Kühlschrank).

Morgens:

Sonnenblumenkerne in einer trockenen Pfanne unter Rühren rösten, bis sie beige sind und duften.

Apfel mit 3/4 der Birne und Zitronenschaum pürieren (im Mixeraufsatz eines kleine Mixers oder mit der Reibe). Restliche Birne in Stücke schneiden und mit dem Obstpüree unter den Schrot rühren. Mit den gerösteten Kernen bestreuen.

Sonnenhirsetrunk

- 10 g Hirse
- 10 g Sonnenblumenkerne
- 1 Esslöffel Sahne
- 400-450 ml kochendes Wasser

Hirse und Sonnenblumenkerne in einem kleinen Mixer im großen Becher fein mahlen, in eine Schüssel umfüllen. Sahne in den Mixbecher geben, Mahlgut hinzufügen. Den Becher etwa halb mit Wasser füllen und gut mixen. Mit Wasser auffüllen und noch ein letztes Mal sehr gut durchmixen.

Weißivie mit Leinenhut (Hauptmahlzeit)

- 125 g Weißkohl
- 100 g Endiviensalat
- 60 g Möhre
- 4 Esslöffel Standardsalatsoße
- 1 Esslöffel Wasser
- 1 Esslöffel Leinsamen

Endivienblätter waschen und abtropfen lassen. Weißkohl, Möhre und Endivienblätter kleinschneiden. Mischen (evtl. gut abdecken und bis mittags in den Kühlschrank stellen), dann Soße und Wasser gründlich unterziehen. Mit dem Leinsamen bestreuen.

Nach dem Salat gibt's eine gute Scheibe von dem Sonnenbrot und zum Nachtisch ein Stück vom Apfelküchlein.

Endiviensalat in Zitronensoße

- 100 g Endivie

Dressing:

- 20 g Zitronenschaum
- 10 g Honig
- 1 kleine Prise Salz
- 4 Esslöffel Wasser
- 1 Teelöffel Sonnenblumenöl

Dressingzutaten in einem kleinen Mixer gut verschlagen. Endivienblätter waschen, gut abtrocknen (in einem Geschirrtuch ausschleudern). In Streifen schneiden und in eine kleine Schüssel geben. Mit dem Dressing übergießen, gut durchmischen. Etwa 5 Minuten durchziehen lassen.

Hirsebratlinge mit Wirsing und Kichererbsen

Kichererbsen

Vorabend:

- 100 g Kichererbsen
- 250 g Wasser
- Eine Prise Salz

Kichererbsen im Wasser einweichen.

Am nächsten Abend im Einweichwasser aufkochen, auf kleinste Einstellung bringen und 30 Minuten köcheln lassen (jetzt mit den Bratlingen beginnen).

Wirsing:

- 125 g Wirsing
- 40 ml Wasser
- 1 Prise Salz
- 5 g Butter

Wirsing waschen und kleinschneiden. Wasser und Salz in einen Topf geben, Wirsing hinzufügen. Auf höchster Einstellung zum Kochen bringen, sobald Dampf unter dem Deckel ausweicht, auf kleinster Einstellung 15 Minuten dünsten, ohne den Deckel anzuheben. Danach die Butter hinzugeben und schmelzen lassen.

Hirsebratlinge:

- 250 g gekochte Hirse vom Vortag
- 30 g Leinsamen
- 100 g Wasser
- 1/2 Teelöffel Salz
- 1/2 Teelöffel Curry
- 15 g Sonnenblumenkerne
- 2 Esslöffel Öl
- 10 g Butter

Leinsamen fein mahlen, dann mit dem Wasser mischen. Mit Salz, Curry und Sonnenblumenkernen unter die Hirse kneten. 15 Minuten quellen lassen.

Öl auf mittlerer Hitze in einer Pfanne erhitzen. Aus der Hirsemasse fünf Bratlinge formen und in die Pfanne legen, Deckel auflegen. 8 Minuten braten, dann umdrehen und auf der anderen Seite bei mittlerer Hitze (etwas herunterdrehen) weitere 8 Minuten braten. Butter hinzugeben und die Bratlinge von jeder Seite nochmals in der Butter braten. Beim Wenden vorsichtig sein, weil die Bratlinge recht locker sind.

Zu dem Wirsing reicht man 4 Esslöffel Kichererbsen und 3 Bratlinge (zwei Bratlinge für den nächsten Tag verwahren).

Tag 7

Hirse-FKG

Neuer Zitronenschaum

- 1 Zitrone
- 2 Esslöffel Wasser

Zitrone schälen, Kerne entfernen, mit 2 Esslöffel Wasser in einem kleinen Mixer verschlagen und abgedeckt im Kühlschrank aufbewahren.

- 30 g Weizen
- 20 g Hirse
- 60 ml Wasser

- 1 Birne 230 g
- 2 Äpfel (180 g)
- 1 Esslöffel Zitronenschaum
- 10 g Leinsamen

Vorabend:

30 g Weizen grob schroten (in einer Getreidemühle oder einem kleinen Mixer). Mit Wasser und Hirse verrühren und über Nacht abgedeckt stehen lassen (nicht im Kühlschrank).

Morgens:

Birne und einen Apfel grob zerschneiden und mit dem Zitronenschaum pürieren. Den zweiten Apfel vierteln, ein Viertel beiseite legen. Den Rest kleinschneiden und mit dem Obstpüree und dem Leinsamen und den Schrot rühren.

Apfelviertel in Spalten schneiden und auf dem Frühstück dekorativ verteilen.

Trinkbare Sonnencreme

- 15 g Sonnenblumenkerne
- 1 Esslöffel Sahne
- 400-450 ml kochendes Wasser

Sonnenblumenkerne in einem kleinen Mixer im großen Becher fein mahlen und umfüllen. Sahne in den Mixbecher geben, Mahlgut hinzufügen. Den Becher etwa halb mit Wasser füllen und gut mixen.

Mit Wasser auffüllen und noch ein letztes Mal sehr gut durchmixen.

Kichersalat mit Hirsebratling (Hauptmahlzeit)

- 75 g gekochte Kichererbsen (Rest vom Vortag)
- 85 g Endiviensalat
- 65 g Wirsing
- 170 g Möhre
- 4 Esslöffel Standardsalatsoße
- 1 Esslöffel Wasser

Endivienblätter waschen und abtropfen lassen. Wirsing, Möhre und Endivienbläter kleinschneiden. Mit den Kichererbsen mischen (evtl. gut abdecken und bis mittags in den Kühlschrank stellen), dann Soße und Wasser gründlich unterziehen.

Nach dem Salat gibt's eine gute Scheibe von dem Sonnenbrot mit einem Hirsebratling und zum Nachtisch das letzte Stück vom Apfelküchlein.

In den Salat habe ich nur 90 g Möhre gegeben, den Rest habe ich dann nachmittags so gegessen.

Flüssigmarzipan (Drink)

- 10 g Mandeln
- 10 g Honig
- 400-450 ml kochendes Wasser

Mandeln in einem kleinen Mixer im großen Becher sehr fein mahlen. Den Becher etwa halb mit Wasser füllen und gut mixen. Honig hinzugeben, solange den Löffel im heißen Wasser bewegen, bis der Honig ganz gelöst ist. Mit Wasser auffüllen und noch ein letztes Mal sehr gut durchmixen.

Paprika-Orangensalat

- 20 g Endiviensalat
- 1/2 kleine rote Paprikaschote (50 g netto)
- 1 kleine Apfelsine (135 g brutto; 90 g netto)
- 2 Esslöffel Standardsalatsoße
- 1 Esslöffel Wasser

Endivienblätter waschen, abtropfen lassen, in Streifen schneiden und auf einem flachen Teller ausbreiten. Paprika in Streifen schneiden, auf dem Salat verteilen. Apfelsine schälen und 25 g beiseite legen, den Rest klein schneiden und ebenfalls auf dem Salat verteilen. Rest Apfelsine mit Salatsoße und Wasser in einem kleinen Mixer gut verschlagen und über den Salat gießen.

Alt-und-Neu-Kartoffeltopf

Zubereitungszeit: 25 Minuten

- 60 g Wasser
- 1 dünne Stange Porree (brutto 95 g; netto 85 g) (neue Lieferung)
- 1 Wirsingherz (125 g) (aus alter Lieferung)
- 1 Knoblauchzehe (aus neuer Lieferung)
- 200 g Kartoffeln
- ein knapper gestr. Teelöffel Salz
- 10 g Hirse
- 200 ml Wasser

Wasser in eine Pfanne geben.

Porreestange wenn nötig waschen, Wurzel abschneiden und in Ringe schneiden. In die Pfanne geben.

Wirsing in feinen Streifen darüber verteilen. Knoblauch schälen, klein hacken und hinzugeben. Die Kartoffeln unter fließendem Wasser gut abbürsten, in Stücke schneiden und als letztes in die Pfanne geben.

Deckel auflegen und bei höchster Einstellung zum Kochen bringen, bis Dampf unter dem Deckel entweicht. Auf kleinste Einstellung drehen und 15 Minuten dünsten, ohne den Deckel anzuheben.

Hirse fein mahlen (z.B. in einem kleinen Mixer), mit dem Wasser verquirlen. Salz über das Essen streuen, Hirsewasser unterrühren und nochmals zum Kochen bringen, damit die Soße dickt.

Woche 2

Übertrag aus Woche 1: 72,45 Euro

3 Bio-Bananen (Bioladen) .... 1,05 Euro

3 Bio-Zitronen .... 1,00 Euro

2 kg Äpfel .... 2,50 Euro

10 kleine Apfelsinen .... 2,50 Euro

1 Endiviensalat .... 1,50 Euro

1 Knoblauchknolle .... 0,50 Euro

Biotüte .... 11,50 Euro

2 kg Kartoffeln
200 g Porree (2 dünne Stangen)
300 g Zucchini
475 g Mangold
225 g Sellerie
450 g Rote Beete
256 g rote Paprika (2 Schoten)
1450 g Rotkohl
350 g Kohlrabi
270 g Zwiebeln (4 Stück)
640 g Möhren

1 Würfel Bio-Hefe, 42 g (Bioladen) .... 0,59 Euro

200 g Sahne (Sonderangebot am Verfall) .... 0,80 Euro

500 g Rosinen .... 1,95 Euro

SUMME .... 23,89 Euro

Rest (72,45 Euro– 23,89 Euro) .... 48,56 Euro

Tag 8

Weizelsine mit Sprossentop

- 50 g Weizen
- 75 ml Wasser

- 1 Esslöffel Zitronenschaum
- 1 kleine Apfelsine (140 g brutto)
- 2 kleine Äpfel (180 g)
- 1 Esslöffel Sonnenblumenkernsprossen

Vorabend:

50 g Weizen grob schroten (in einer Getreidemühle oder einem kleinen Mixer). Mit Wasser verrühren und über Nacht abgedeckt stehen lassen (nicht im Kühlschrank).

Morgens:

Apfelsine schälen, halbieren. Aus der Mitte einer Hälfte drei Scheiben herausschneiden und für die Dekoration verwahren. Apfel grob zerkleinern, mit Apfelsine und Zitronenschaum pürieren (Mixer oder per Hand). Unter den Schrot mischen. Den zweiten Apfel in Stücke schneiden und untermischen. Oberfläche glatt streichen, mit Sprossen bestreuen und fächerartig die Apfelsinenscheiben darauf legen.

Wer nach dem Frühstück noch Hunger hat, isst noch eine Scheibe Brot.

Hafercremedrink

- 15 g Nackthafer
- 1 Esslöffel Sahne (gehört normalerweise ins Frischkorngericht)
- 400-450 ml kochend heißes Wasser

Hafer in einem kleinen Mixer sehr fein mahlen. Sahne und einen Teil des Wassers hinzugeben und gut durchmixen. Mit Wasser auffüllen und nochmals sehr gut mixen.

Gemischter Salat mit Sprossen (Hauptmahlzeit)

- 60 g Endivie
- 1 Möhre (90 g)
- 90 g Rote Beete
- 1/2 Paprikaschote (60 g netto)
- 3 Esslöffel Standardsalatsoße
- 2 Esslöffel Wasser
- 2 Esslöffel Sprossen

Gemüse gegebenfalls waschen und kleinschneiden. Wer den Salat schon morgens vorbereitet: gut abgedeckt im Kühlschrank aufbewahren. Mittags dann Salatsoße und Wasser hinzugeben, gut unterrühren und mit Sprossen bestreuen. Dazu eine Scheibe Brot reichen.

Geleinter Mandeldrink

- 10 g Mandeln
- 10 g Leinsamen
- 400-450 ml kochend heißes Wasser

Mandeln und Leinsamen in einem kleinen Mixer sehr fein mahlen und in eine kleine Schale umfüllen. Einen Teil des Wassers in den Becher geben, dann das Mahlgut hinzufügen. Gut durchmixen, mit Wasser auffüllen und nochmals sehr gut mixen. Oben stehen etwa 2-3 cm Schaum.

Rotkohlsprossensalat

Dressing:

- 2 Esslöffel Standardsalatsoße
- 1 Esslöffel Wasser

Feste Zutaten:

- 130 g Rotkohl
- 30 g Sonnenblumenkernsprossen

Rotkohl raffeln (auf der Handreibe oder im Zerkleinerer, dann vorher grob zerschneiden). Mit den Sprossen mischen. Salatsoße und Wasser gut unterrühren.

Apfelmangold mit Kartoffelplätzchen

Vegan; Zubereitungszeit ca. 25-30 Minuten

Gemüse:

- 60 g Wasser
- 230 g Mangold brutto (netto 220)
- 1 Apfel (95 g)
- (1 Teelöffel Weizenmehl)
- 75 g Wasser

Kartoffelplätzchen:

- 1 Kartoffel (150 g)
- 20 g Zwiebel
- 25 g Weizen
- 1/2 Teelöffel Salz
- etwas Pfeffer
- 2 Esslöffel Öl

Gemüse:

Wasser in einen kleinen Topf geben. Mangold gut waschen, in Streifen schneiden. Apfel würfeln und mit dem Mangold in den Topf geben. Auf höchster Einstellung zum Kochen bringen, bis Dampf unter dem Deckel entweicht. 15 Minuten dünsten lassen, ohne den Deckel anzuheben. Einen Teelöffel Weizenmehl (von den Kartoffelplätzchen) mit 75 g Wasser verquirlen, unter das Gemüse rühren und einmal kurz aufkochen.

Kartoffelplätzchen:

Kartoffel unter fließendem Wasser gut abbürsten und mit der Zwiebel grob raffeln (entweder auf einer Reibe oder im Zerkleinerer, dann vorher grob zerteilen). Mit Mehl (einen Teelöffel für das Gemüse zurücklegen), Salz und Pfeffer verkneten. Öl in einer kleinen Pfanne auf höchster Einstellung erhitzen, wenn es richtig heiß ist, vier Plätzchen aus dem Kartoffelteig formen und in das Öl geben. Deckel auflegen (spritzt!). Hitze etwas niedriger stellen und auf beiden Seiten jeweils ca. 5 Minuten braten.

Je zwei Kartoffelplätzchen mit einer Hälfte des Gemüses auf einen Teller geben.

Tipp:

Als Gemüse eignen sich, bei gleicher Zubereitung mit Apfel etc., ebenfalls Weiß- und Rotkohl oder Wirsing.

Tag 9

Hirse-Hafer-Frühstück

- 20 g Nackthafer
- 10 g Hirse
- 40 ml Wasser

- 1 Esslöffel Zitronenschaum
- 1 Esslöffel Sonnenblumenkernsprossen (= Rest)
- 2 kleine Äpfel (190 g)
- 1 Banane (170 g brutto)
- 10 g Leinsamen

Vorabend:

Hafer und Hirse (beides ungeschrotet) mit Wasser verrühren und über Nacht abgedeckt stehen lassen (nicht im Kühlschrank).

Morgens:

Zitronenschaum mit Sprossen, einem Apfel und der geschälten Banane pürieren (Mixer oder per Hand). Den zweiten Apfel würfeln und mit dem Obstpüree unter das Getreide mischen. Oberfläche glatt streichen, Leinsamen am Rand verteilen.

Mandelweizenschaum (Drink)

- 10 g Mandeln
- 5 g Weizen
- 400-450 ml kochend heißes Wasser

Mandeln und Weizen in einem kleinen Mixer sehr fein mahlen und einen Teil des Wassers in den Becher geben. Gut durchmixen, mit Wasser auffüllen und nochmals sehr gut mixen.

Rotkohl-Endiviensalat (Hauptmahlzeit)

- 100 g Endivie
- 120 g Rotkohl
- 80 g Möhre
- 4 Esslöffel Standardsalatsoße
- 1 Esslöffel Öl
- 1 Esslöffel Wasser

Endivie waschen und abtropfen lassen, trockenschleudern (z.B. in einem Geschirrtuch). Alles Gemüse kleinschneiden. Wer den Salat schon morgens vorbereitet, stellt ihn gut abgedeckt bis mittags in den Kühlschrank. Salatsoße, Öl und Wasser darüber gießen und gut vermischen.

Dazu eine bis zwei Scheiben Brot reichen.

Haferdatteldrink

- 10 g Nackthafer
- 1 Dattel ohne Stein = 8 g
- 400-450 ml kochend heißes Wasser

Hafer in einem kleinen Mixer sehr fein mahlen und in eine kleine Schüssel umfüllen. Dattel in Ringe schneiden, in den Mixbecher geben. Etwa 75 ml kochendes Wasser hinzugeben und gut mixen. Hafer hinzufügen, mit Wasser auffüllen und nochmals sehr gut mixen.

Rote Sellerie

Feste Zutaten:

- 50 g Sellerie (geschält gewogen)
- 100 g Rote Beete
- 2 Teelöffel Sonnenblumenkerne

Dressing:

- 2 Teelöffel Zitronenschaum
- 1 Dattel ohne Stein (8 g)
- 1 Prise Salz
- 2 Teelöffel Sonnenblumenöl
- 2-3 Esslöffel Wasser

Dressingzutaten in einem kleinen Mixer gut verschlagen. Sellerie schälen, Rote Beete ggf. unter fließendem Wasser gut abbürsten.

Beides in dünne Stiftchen schneiden und mit dem Dressing verrühren. Oben mit Sonnenblumenkernen bestreuen.

Heiße Milch mit Honig ohne Milch

- 10 g Honig
- 2 Esslöffel Sahne
- ca. 500 ml kochendes Wasser

Honig und Sahne in eine Tasse geben, mit heißem Wasser auffüllen und gut verrühren.

Gemüsesuppe Kunterbunt

(Zubereitungszeit ca. 30 Minuten)

- 1 Zwiebel (55 g netto)
- 1 dünne Stange Porree (100 g)
- 1 Möhre (95 g)
- 1 große Kartoffel (210 g)
- 90 g Sellerie (netto)
- 30 g Nackthafer
- 1 Knoblauchzehe
- 500 g Wasser
- 1 Teelöffel Salz
- frisch gemahlener Pfeffer
- 10 g Butter
- 20 g Möhre

Das Gemüse wenn nötig waschen (Porree, Kartoffel) und schälen (Zwiebel, Knoblauch, Sellerie). Alles kleinschneiden. Mit Hafer und Wasser in einen Topf geben. Zum Kochen bringen. Sobald es richtig gut kocht, auf kleinste Einstellung drehen und 18 Minuten köcheln.

Mit Salz und Pfeffer abschmecken. Butter (oder Öl, dann ist es vegan) in die Suppe geben. Dann etwa 2-3 Esslöffel Kartoffelstücke mit Kochwasser pürieren (z.B. in einem kleinen Mixer oder die Kartoffelstücke mit der Gabel zerdrücken) und wieder unter die Suppe rühren.

Zwei Suppenteller essen, Rest verwahren. 20 g Möhren in feine Scheiben schneiden und als Dekoration auf die Suppe geben.

Tag 10

Frühstück mit Dattel

- 50 g Weizen
- 75 ml Wasser

- 1 Apfelsine (125 g brutto)
- 2 Äpfel (195 g)
- 1 Esslöffel Zitronenschaum
- 1 Esslöffel Sahne
- 10 g Mandeln
- 1 getrocknete Dattel ohne Stein (8 g)

Vorabend:

50 g Weizen grob schroten (in einer Getreidemühle oder einem kleinen Mixer). Mit Wasser verrühren und über Nacht abgedeckt stehen lassen (nicht im Kühlschrank).

Morgens:

Apfelsine schälen, eine Hälfte und einen Apfel in Stücke schneiden und mit dem Zitronenschaum und der Sahne pürieren (Mixer oder per Hand; beim Mixer immer wieder stoppen, damit das Messer wieder greifen kann). Mit den Mandeln unter den Schrot mischen. Den zweiten Apfel und die zweite Apfelsinenhälfte in kleine Stücke schneiden und mit dem Obstpüree unter den Getreideschrot mischen. Oberfläche glatt streichen. Dattel in Ringe schneiden, am Rand des Frühstücks auslegen.

Dattelsahne (Drink)

- 3 getrocknete Datteln ohne Stein (22 g)
- 30 g Sahne
- 450-500 ml kochendes Wasser

Datteln kleinschneiden. In einen Mixbecher geben und mit 75 ml Wasser übergießen. In einem kleinen Mixer sehr fein schlagen. Sahne hinzugeben, mit Wasser auffüllen und sehr gut durchmixen.

Mischsalat mit Gemüsecremesuppe (Hauptmahlzeit)

Mischsalat

- 70 g Endivien
- 30 g Sellerie (netto)
- 1 Möhre (95 g)
- 1/2 Zucchini (70 g)
- 5 Esslöffel Standardsalatsoße
- 1 Esslöffel Wasser
- 15 g Leinsamen

Gemüsecremesuppe

- 370 g Gemüsesuppe vom Vortag
- Ca. 150 ml Wasser
- 2 Esslöffel Sahne
- 3 dünne Scheiben Zucchini (vom Salat)

Mischsalat:

Endivie waschen, in Streifen schneiden. Restgemüse kleinschneiden, von der Zucchini drei Scheibchen beiseite legen. In einer Schüssel mischen, mit Soße und Wasser übergießen, gut mischen. Den Rand mit Leinsamen bestreuen.

Gemüsecremesuppe:

Den Rest Suppe vom Vortag mit der Sahne in einem Mixer gut pürieren und etwa 150 ml Wasser hinzugeben. Gut durchmixen, wieder in den Topf füllen und vorsichtig erhitzen. Die Suppe sollte nicht wieder aufkochen. In eine Suppentasse o.ä. füllen, drei Zucchinischeiben als Dekoration auflegen.

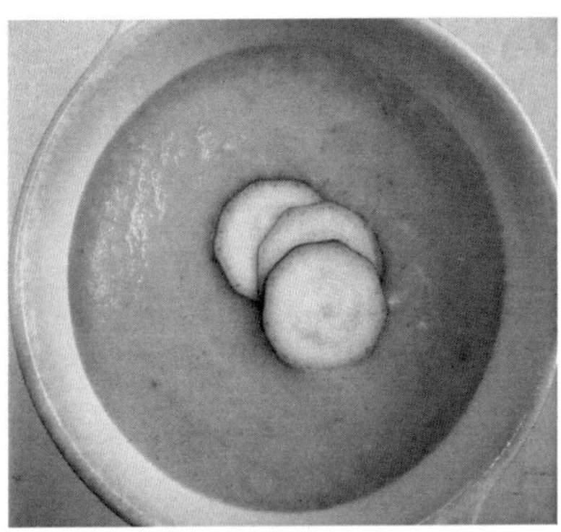

Wirsingkicheraufstrich

- 145 g Wirsingstrunk (Reste) tiefgekühlt
- 6 Esslöffel Wasser
- 40 g Kichererbsen
- 100 ml kochendes Wasser
- 1-2 Teelöffel Zitronenschaum
- 1 gestr. Teelöffel Salz
- 80 g Butter

Herstellung in einem kleinen Mixer.

Wirsing auftauen lassen. Mit 6 Esslöffel Wasser in einen Topf geben. Deckel auflegen, zum Kochen bringen. Sobald Dampf unter dem Deckel entweicht, auf kleinste Einstellung bringen und 16 Minuten dünsten.

Kichererbsen im Mixer fein mahlen. Salz hinzugeben und kochendes Wasser aufschütten, mit dem Löffel durchrühren und dann nochmals mixen. Auf einen Teller umfüllen.

Wirsing mit Restflüssigkeit (etwa 1 Teelöffel voll) in den Mixbecher geben, pürieren (immer wieder mal stoppen, ist nicht so einfach). Kichererbsen, Zitronensaft und Butter hinzugeben und gut verrühren.

In kleine Förmchen geben, den Bedarf für 2-3 Tage im Kühlschrank aufbewahren, den Rest einfrieren und nach Bedarf auftauen.

Tipp:

Das schmeckt auch mit anderen Gemüseresten lecker!

Weißkohl-Möhrensalat mit Rosinen

- 95 g Weißkohl
- 50 g Möhre
- 12 g Rosinen
- 2 Esslöffel Standardsalatsoße
- 1 Esslöffel Wasser

Weißkohl und Möhre mit einem scharfen Messer kleinschneiden. Mit den Rosinen in eine kleine Schüssel geben, mit Soße und Wasser übergießen und gut durchmischen.

Rosinentrunk

- 10 g Hirse
- 5 g Leinsamen
- 10 g Rosinen
- 450-500 ml kochendes Wasser

Hirse und Leinsamen in einem kleinen Mixer fein mahlen. Umfüllen. Rosinen mit 75 ml heißem Wasser vermixen, Mahlgut hinzugeben, mit Wasser auffüllen und sehr gut durchmischen.

Grüne Reibekuchen mit Apfelkompott

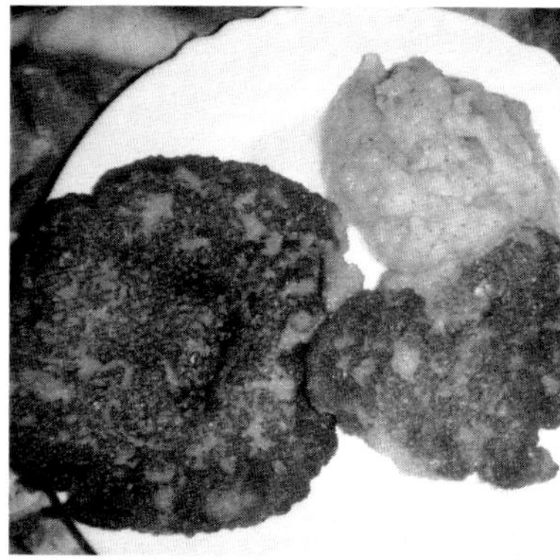

Reibekuchen

- 1 Kartoffel (210 g)
- 70 g Zucchini
- 15 g Zwiebel (netto)
- 30 g Nackthafer
- 1/2 Teelöffel Salz
- 1 Teelöffel Curry
- 1 Esslöffel Sonnenblumenkerne
- 4 Esslöffel Öl

Apfelkompott:

- 1 Apfel (90 g)
- 1 Teelöffel Zitronensaft

Reibekuchen:

Kartoffel unter fließendem Wasser gut abbürsten, mit der Zucchini und der Zwiebel fein reiben (entweder auf einer Reibe oder in einem kleinen Mixer, dann vorher grob zerteilen). Hafer fein mahlen, und zusammen mit Salz und Curry mixen. In eine Schüssel umfüllen und Sonnenblumenkerne unterrühren.

2 Esslöffel Öl in einer Pfanne auf höchster Einstellung erhitzen, wenn es richtig heiß ist, drei Reibekuchen aus dem Kartoffelteig nehmen und in das Öl geben. Flach drücken. Hitze etwas niedriger stellen und auf beiden Seiten jeweils ca. 5 Minuten braten (bzw. bis sie schön braun und cross sind). Auf einen Teller geben, und neues Öl in die Pfanne geben, um nochmals drei Reibekuchen zu backen.

Apfelkompott:

Apfel mit dem Zitronensaft in einem kleinen Mixer oder auf einer feinen Reibe pürieren. Zu den Reibekuchen servieren.

Tipp:

Ein kleiner Apfel für 6 Reibekuchen kann knapp werden. Wer gerne viel Apfel zu Reibekuchen mag, sollte noch einen Apfel nehmen.

Tag 11

Kaufrühstück

- 40 g Weizen
- 10 g Nackthafer
- 10 g Sonnenblumenkerne
- 70 g Wasser
- 2 Äpfel (195 g)
- 1 Banane (170 g brutto)
- 1 Esslöffel Zitronenschaum (Rest)

Vorabend:

Weizen schroten. Mit Hafer (ungemahlen) und Sonnenblumenkernen mischen und in Wasser über Nacht einweichen (nicht im Kühlschrank).

Morgens:

Einen Apfel grob zerteilen und mit dem Zitronenschaum pürieren. Banane schälen, kleinschneiden; den zweiten Apfel würfeln und beides mit dem Obstpüree unter das Getreide mischen.

(Neuen Zitronenschaum mit 3 Esslöffeln Wasser herstellen, siehe Seite 30.)

Dattelschlemmerei (Drink)

- 10 g Nackthafer
- 10 g Mandeln
- 3 Datteln ohne Stein (22 g)
- 2 Esslöffel Sahne
- 400-450 ml kochendes Wasser

Hafer und Mandeln in einem kleinen Mixer im großen Becher fein mahlen, in eine kleine Schüssel umfüllen. Datteln mit 50 ml heißem Wasser pürieren. Sahne und Mahlgut zu dem Mixbecher geben, mit Wasser auffüllen und sehr gut durchmixen.

Vegane Haferkekse

- 50 g getrocknete Datteln ohne Stein
- 100 g heißes Wasser
- 250 g Nackthafer
- 1 Prise Salz
- Frisch geriebene Schale von einer halben Zitrone
- 1 Esslöffel Öl
- 100 g Rosinen
- 20 g Wasser
- 10 g Mandeln

Ergibt ein Backblech mit 30 Keksen.

Datteln in Ringe schneiden und eine halbe Stunde in 50 ml heißem Wasser einweichen. In dem Einweichwasser mit einem kleinen Mixer pürieren. Salz, 50 ml Wasser und Zitronenschale hinzugeben und nochmals pürieren.

Hafer schroten. Mit Öl und Dattelpüree verkneten. Den Mixbecher mit 20 g Wasser ausspülen, damit wirklich alles Dattelpüree in den Teig kommt, und hinzufügen. Dann die Rosinen unterkneten. Einige Minuten quellen lassen.

Walnussgroße Stücke abnehmen und zwischen den feuchten Händen platt drücken (sicher gibt es optisch noch hübschere Methoden, aber ich war in Eile) und nebeneinander auf ein mit Dauerbackfolie ausgelegtes Backblech legen. In den kalten Ofen schieben und bei 150 °C (Umluft) 25 Minuten backen, auf dem Boden steht eine feuerfeste Form mit Wasser. Die Kekse nehmen in der Zeit nicht viel Farbe an.

Tipp:

Wer keine Dauerbackfolie hat oder verwenden will, heizt das Blech im Ofen einige Minuten an und verteilt dann mit einem Pinsel ein Stückchen Butter auf dem Blech.

Strom sparen geht auch mit ein bisschen Organisation: Einfach mehrere Sachen hintereinander backen, das erste Gebäck nicht vorheizen. Die anderen Gebäcke kommen dann ja schon in den vorgeheizten Ofen.

Nussrolle

Teig:
- 1/2 Würfel Bio-Hefe (20 g)
- 100 g Wasser
- 250 g Weizen
- 1 Prise Salz
- 50 g Honig
- 25 g Sahne
- 10 g Wasser

Nussmasse:
- 150 g Mandeln
- 1/2 gestr. Teelöffel Zimt
- 1 Esslöffel Sonnenblumenöl
- 100 g Honig
- 25 g Wasser
- 20 g Weizen (verbraucht: 6 g)

Hefe in 100 ml Wasser auflösen. Weizen fein mahlen. Hefewasser mit einem Teil des Weizens verrühren, bis sich ein Mehlbrei ergibt. Abdecken und 20 Minuten gehen lassen. Die restlichen Teigzutaten hinzufügen und gründlich (mind. 5 Minuten) verkneten. Zu einer Kugel unter Spannung formen, die Teigschüssel in eine Plastiktüte stecken und mit einem Tuch abdecken. 30 Minuten gehen lassen.

In dieser Zeit die Nussmasse vorbereiten: Mandeln in einem kleinen Mixer grob mahlen (immer wieder das Messer lockern). Zimt, Öl, Honig und Wasser unterrühren. 20 g Weizen zum Ausrollen fein mahlen. Teig nochmals gut durchkneten, eine Kugel unter Spannung formen und 20 Sekunden ruhen lassen. Dann mit Hilfe von Mehl auf einer Dauerbackfolie in Länge des Backblechs ausrollen, die Höhe des Teigrechtecks ist etwa 2/3 Backblechhöhe (30 cm).

Die Nussmasse auf den Teig geben und mit einem Esslöffel, der immer wieder in Wasser getaucht wird, gleichmäßig verstreichen. Von der Längsseite her vorsichtig aufrollen. Die Rolle an den Enden und unten gut verschließen und in Richtung eines „U" legen. Abgedeckt etwa 20 Minuten gehen lassen. Den auf 150 °C vorgeheizten Ofen (Plätzchen!) auf 200 °C stellen, Folie mit der Rolle auf ein Backblech ziehen, mit Wasser einsprühen. 10 Minuten bei 200 °C backen, dann 20 Minuten bei 175 °C. Der Teig reißt und die Nussmasse quillt an einigen Stellen heraus. Wer das „gezielter" haben möchte, schneidet die Rolle vor dem Backen oben etwas ein. Auf ein Kuchengitter stellen. Noch heiß mit Wasser einsprühen.

Kartoffelbrot

- 1/2 Würfel Bio-Hefe (20 g)
- 100 g Wasser
- 1 Teelöffel Honig
- 500 g Weizen

- 250 g Kartoffeln
- 30 g Wasser

- 2 Teelöffel Salz
- 60 g Wasser

Hefe und Honig in 100 g Wasser verrühren. 250 g Weizen mahlen. In die Mitte eine Kuhle drücken, Hefewasser hineingießen und mit etwas Mehl zu einem Brei verrühren. 20 Minuten stehen lassen.

Kartoffeln unter fließendem Wasser gut abbürsten und grob zerkleinern. Mit 30 g Wasser und Salz im Mixer pürieren. Alle Zutaten bis auf die 60 g Wasser zusammengeben und gut verkneten.

Allmählich das restliche Wasser einarbeiten. Gut durchkneten und zu einer Teigkugel unter Spannung formen (Ecken immer wieder nach innen schlagen). Teigschüssel in eine Plastikschüssel stecken und auf der Fensterbank 45 Minuten gehen lassen.

Nochmals gut durchkneten und wieder zu einer Kugel unter Spannung formen. Wie oben beschrieben nochmals 30 Minuten gehen lassen.

Nochmals durchkneten, zu einem Brotlaib formen und unter einer umgedrehten Schüssel 30 Minuten gehen lassen. Einsprühen und dreimal oben mit der Schere einen Zipfel einschneiden.

In den 175 °C heißen Ofen schieben (nach der Nussrolle), 10 Minuten bei 200 °C backen. Auf dem Boden steht noch die feuerfeste Form mit Wasser. Dann 50 Minuten bei 175 °C backen.

Klopfprobe machen, wenn es hohl klingt, ist das Brot gar. Auf ein Kuchengitter zum Auskühlen geben und mit Wasser einsprühen.

Rotkohl auf Endivie (Hauptmahlzeit)

- 70 g Endivie
- 200 g Rotkohl
- 1/2 Apfel (35 g)
- 1 Esslöffel Standardsalatsoße
- 3 Esslöffel Wasser
- 1 Prise Salz

Endiviensalat gut waschen, abtropfen lassen und trockenschleudern (z.B. in einem Geschirrtuch). In Streifen schneiden auf einen großen flachen Teller legen. Rotkohl in kleine Stückchen schneiden und darauf verteilen. Apfel, Salatsoße, Wasser und Salz in einem kleinen Mixer verquirlen und über den Rotkohl gießen.

Mit einer Scheibe noch warmem Kartoffelbrot und etwas Wirsingkicheraufstrich servieren.

Tipp:

Feiner wird der Rotkohl, wenn man ihn im Zerkleinerer hackt.

Wer keinen Mixer hat, kann den Apfel für die Soße auf einer Reibe reiben und mit einer Gabel mit den anderen Zutaten vermischen.

Rote Möhre (Rohkost)

- 80 g Möhre
- 60 g Rote Beete
- 1/2 Apfel (35 g)
- 2 Teelöffel Zitronenschaum
- 1 Teelöffel Öl
- 1 Teelöffel Honig
- 3 Esslöffel Wasser
- 1 Prise Salz

Möhre, rote Beete und Apfel fein raffeln (entweder mit der Raffel oder im Zerkleinerer, dann vorher grob zerkleinern). Die restlichen Zutaten gut verquirlen (z.B. mit einem kleinen Mixer) und über das Gemüse gießen. Gut verrühren.

Rotkohl mit Kartoffelsoße

Rotkohl

- 200 g Rotkohl
- 1/2 Apfel (45 g)
- 1 kleine Knoblauchzehe
- 50 g Wasser
- 1 Esslöffel Essig
- 20 g Rosinen
- 1/2 Teelöffel Salz

Kartoffelsoße

- 195 g Kartoffel
- 100 g Wasser
- 1 Teelöffel Öl
- 1/2 Teelöffel Salz
- 6 g Butter
- 50 g heißes Wasser

Rotkohl:

Rotkohl kleinschneiden. Apfel würfeln, Knoblauchzehe schälen und klein hacken. Mit Wasser und Essig in einen Topf geben, Rosinen oben drauf verteilen. Deckel auflegen und auf höchster Einstellung zum Kochen bringen. Sobald Dampf unter dem Deckel entweicht, auf kleinste Einstellung drehen und köcheln, bis die Kartoffelsoße fertig ist.

Kartoffelsoße:

Kartoffel(n) unter fließendem Wasser sauber bürsten. In Scheiben schneiden und mit 100 ml Wasser in eine Pfanne geben. Deckel auflegen, auf höchster Einstellung zum Kochen bringen und sobald Dampf unter dem Deckel entweicht, auf kleinste Einstellung drehen. 18 Minuten dünsten. Dann die Kartoffeln mit dem Kochwasser und den anderen Zutaten in den Mixeraufsatz eines kleinen Mixers geben und pürieren.

Einen Teil der Soße auf einen Teller geben, Rotkohl nach Geschmack salzen und die Hälfte neben die Soße legen.

Zum Nachtisch gibt's ein Stück von der Nussrolle.

Tipp:

Wer es etwas herkömmlicher möchte, macht aus der Kartoffelsoße ein Püree — einfach die 50 ml Wasser am Ende weglassen.

Tag 12

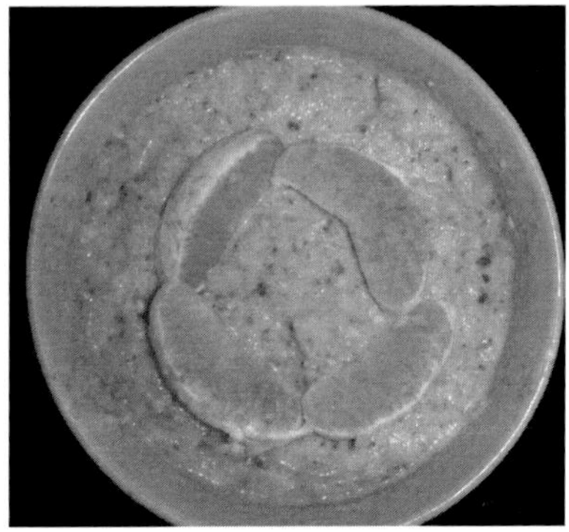

Cremsine

- 50 g Weizen
- 75 ml Wasser
- 2 kleine Äpfel (200 g)
- 1 Esslöffel Zitronenschaum
- 1 kleine Apfelsine (120 g brutto)
- 1 Esslöffel Leinsamen (12 g)
- 1 Esslöffel Sahne

Vorabend:

50 g Weizen grob schroten (in einer Getreidemühle oder einem kleinen Mixer). Mit Wasser verrühren und über Nacht abgedeckt stehen lassen (nicht im Kühlschrank).

Morgens:

Einen Apfel, Zitronenschaum, halbe geschälte Apfelsine und Leinsamen in einem kleinen Mixer pürieren. Mit Sahne unter den Schrot mischen. Den zweiten Apfel würfeln und unterziehen. Die Apfelsinenhälfte in Spalten teilen und diese als Dekoration in der Mitte anordnen.

Als Start in den Tag gibt es noch zwei „Blasse Haferkekse".

Nussiger Drink

- 10 g Mandeln
- 10 g Sonnenblumenkerne
- 10 g Leinsamen
- 1 Esslöffel Sahne
- 400-450 ml kochendes Wasser

Mandeln, Sonnenblumenkerne und Leinsamen in einem kleinen Mixer im großen Becher fein mahlen und umfüllen. Sahne in den Mixbecher geben. Den Becher etwa halb mit Wasser füllen, Mahlgut hinzufügen und gut mixen. Mit Wasser auffüllen und noch ein letztes Mal sehr gut durchmixen.

Zucchini-Wintersalat (Hauptmahlzeit)

- 80 g Möhre
- 1 Stück Zucrhini (100 g)
- 40 g Rote Beete
- 80 g Endiviensalat
- 3 Esslöffel Standardsalatsoße
- 1 Esslöffel Öl
- 1 Esslöffel Wasser

Möhren und Zucchini in Scheiben, Rote Beete in Stifte und gewaschene Endiviensalatblätter in Streifen schneiden und miteinander verrühren. Bis zum Mittagessen gut abgedeckt im Kühlschrank aufbewahren. Salatsoße, Wasser und Öl darübergießen und gut vermischen. Vom Kartoffelbrot eine Scheibe mit Wirsingaufstrich bestreichen und nach dem Salat essen. Als Nachtisch eine schmale Scheibe von der Nussrolle.

Haferreicher Drink

- 20 g Nackthafer
- 400-450 ml Wasser

Hafer in einem kleinen Mixer im großen Becher fein mahlen. Den Becher etwa halb mit Wasser füllen und gut mixen. Mit Wasser auffüllen und noch ein letztes Mal sehr gut durchmixen. Mit zwei „Blassen Haferkeksen" genießen.

Mandelkrone (Salat)

- 35 g Möhre
- 30 g orange Paprika (1/4 Schote)
- 45 g Endiviensalat
- 2 Esslöffel Standardsalatsoße
- 1 Esslöffel Wasser
- 4 g Mandeln (etwa vier Stück)

Möhre, Paprika und Endivie kleinschneiden. Salatsoße und Wasser darübergießen und gut vermischen. Die Mandeln fein hacken und drüber streuen.

Gnocchi mit Mangoldsoße

Gnocchi (10 Stück):
- 150 g Kartoffeln
- 50 ml Wasser
- 80 g Weizen
- 1 gestr. Teelöffel Salz
- Wasser zum Kochen
- 1-2 Teelöffel Salz

Mangoldsoße
- 200 g Mangold
- 75 ml Wasser
- 12 g Butter
- 1 Teelöffel Öl
- 1 gestr. Teelöffel Salz

Gnocchi: Kartoffeln unter fließendem Wasser gut abbürsten, in Scheiben schneiden. 50 ml Wasser in eine kleine Pfanne geben. Deckel auflegen, auf höchster Einstellung zum Kochen bringen und sobald Dampf unter dem Deckel entweicht, auf kleinste Einstellung drehen. 16 Minuten dünsten. Den Weizen fein mahlen. Kartoffeln mit Kochwasser und Salz mit einem kleinen Mixer pürieren. In einer Schüssel portionsweise mit dem Weizen verkneten, bis ein klebriger Teig entsteht. Einige Minuten ruhen lassen (in der Zeit kann man sich um die Soße kümmern).

Die Pfanne mit Wasser und 1-2 Teelöffel Salz füllen, zum Kochen bringen. Mit einem Teelöffel Teigstücke abnehmen, zwischen den Händen zu Kugeln formen und in das kochende Wasser geben. Kochen, bis sich alle Gnocchi vom Pfannenboden gelöst haben.

Mangoldsoße: Mangold gut waschen und in Streifen schneiden. 75 ml Wasser in einen kleinen Topf geben, Mangold hinzufügen. Deckel auflegen, auf höchster Einstellung zum Kochen bringen und sobald Dampf unter dem Deckel entweicht, auf kleinste Einstellung drehen. 16 Minuten dünsten. Mit dem Kochwasser, der Butter, dem Öl und Salz in den größeren Mixbecher geben und gut durchmixen. Fünf Gnocchi auf einen Teller geben, die Hälfte der Soße dazu geben.

Tipp:
Die Mangoldsoße kann man gut warm halten, indem man den Becher in einen Topf mit heißem Wasser stellt.
Gnocchikochwasser verwahren (zum Gemüse kochen, für Salat).

100 g Kichererbsen mit 250 g Wasser einweichen.

Tag 13

Rosinenstreu

- 50 g Weizen
- 75 ml Wasser
- 1 Esslöffel Sahne
- 1 Esslöffel Zitronenschaum
- 2 kleine Äpfel (195 g)
- 1 Banane (155 g brutto)
- 10 g Rosinen

Vorabend:

50 g Weizen grob schroten (in einer Getreidemühle oder einem kleinen Mixer). Mit Wasser verrühren und über Nacht abgedeckt stehen lassen (nicht im Kühlschrank).

Morgens:

Sahne unter den Schrot rühren. Zitronenschaum mit einem Apfel und der geschälten Banane pürieren (im Mixeraufsatz eines kleinen Mixers oder mit der Reibe). Restliches Obst kleinschneiden und unter das Getreide rühren. Mit Rosinen bestreuen.

Danach gab es eine Scheibe Kartoffelbrot und einen „Blassen Haferkeks“.

Rosinendrink

- 10 g Hirse
- 10 g Sonnenblumenkerne
- 10 g Rosinen
- 400-450 ml kochendes Wasser

Hirse und Sonnenblumenkerne in einem kleinen Mixer im großen Becher fein mahlen, in eine Schüssel umfüllen. Rosinen in den Mixbecher geben und mit 50 ml Wasser gut mixen. Mahlgut hinzufügen, mit Wasser auffüllen und noch einmal sehr gut durchmixen.

Rotkohlorangensalat (Hauptmahlzeit)

- 200 g Rotkohl
- 1 Apfelsine (140 g brutto, 90 g netto)
- 3 Esslöffel Standardsalatsoße
- 1 Esslöffel Wasser

Rotkohl fein raffeln (mit der Handraffel oder im Zerkleinerer). Apfelsine schälen und würfeln, zu dem Rotkohl geben. Mit Soße und Wasser sehr gut mischen und etwas durchziehen lassen.

Nach dem Salat gibt's eine gute Scheibe von dem Kartoffelbrot mit Wirsingaufstrich und zum Nachtisch ein Stück von der Nussrolle.

Apfeldrink

- 10 g Nackthafer
- 10 g Weizen
- 1/2 kleiner Apfel (45 g)
- 400-450 ml kochendes Wasser

Hafer und Weizen in einem kleinen Mixer im großen Becher fein mahlen, in eine Schüssel umfüllen. Halbierte Apfelhälfte in den Mixbecher geben und mit 50 ml Wasser gut mixen. Mahlgut hinzufügen, mit Wasser auffüllen und noch einmal sehr gut durchmixen. Dazu gab es zwei „Blasse Haferkekse" und eine Möhre.

Mangoldpaprikasalat

- 10 g Sonnenblumenkerne
- 1 Esslöffel Standardsalatsoße
- 3 Esslöffel Kochwasser vom Vortag
- 55 g Mangold netto
- 75 g Paprika netto

Sonnenblumenkerne in einem kleinen Mixer fein mahlen, mit Flüssigkeit verquirlen. Die festen Zutaten kleinschneiden und unter das Dressing ziehen.

Standardsalatsoße Nr. 2

- 1 gehäufter Esslöffel Salz
- 150 g Sonnenblumenöl
- 300 g Essig
- 1 Teelöffel gemahlener Pfeffer
- 25 g Honig
- Wasser

Alle Zutaten in einem 750 Liter-Glas mit Schraubglas mit einem Löffel miteinander mischen, mit Wasser auffüllen und nochmals durchmischen.

Im Kühlschrank aufbewahren. Vor Entnahme jeweils nochmals durchrühren.

Pellkartoffeln mit Kichererbsenpüree

Vorbereitung: 24 Stunden Erbsen einweichen;
Zubereitungszeit: 45-60 Minuten

Kichererbsenpüree

- 100 g Kichererbsen
- 250 ml Wasser
- 2 Knoblauchzehen
- 55 g Zwiebel (brutto)
- 1 gestr. Teelöffel Salz
- 2 Teelöffel Zitronensaft
- 5 Esslöffel Kochwasser/Wasser
- 2 Esslöffel Sonnenblumenöl
- 3 Mandeln

Pellkartoffeln

- 4 mittelgroße Kartoffeln (320 g)
- Wasser

Kichererbsenpüree:

Kichererbsen 24 Stunden in Wasser einweichen. Knoblauchzehen und Zwiebel schälen, kleinschneiden und zu den Erbsen geben. Zum Kochen bringen und auf kleiner Stufe 30 Minuten köcheln lassen.

Kochwasser auffangen. Die Hälfte der Kichererbsen (140 g) mit Knoblauch, Zwiebel, Salz, Zitronensaft, Öl und 5 Esslöffel Flüssigkeit in einem kleinen Mixer (notfalls mit einer Gabel) gut pürieren. In eine kleine Schüssel füllen. Mandeln hacken und darüber streuen.

Kartoffeln:

Kartoffeln in einen Topf geben. Soviel Wasser in den Topf geben, dass die Kartoffeln oben noch ein bisschen herausschauen. Zum Kochen bringen und 22 Minuten kochen lassen. (Die Kochzeit richtet sich auch nach der Größe der Kartoffeln.)

Unter kaltem Wasser abschrecken und pellen. Zusammen mit dem Kichererbsenpüree servieren.

Tipp:

Lecker schmeckt statt Sonnenblumenöl Sesamöl. Auch als Dekoration eignet sich etwas Sesam sehr gut. Zum Würzen ist Schwarzkümmel sehr „orientalisch“ — wenn das Budget diese Dinge zulässt.

Der Rest Kichererbsen kommt morgen in den Salat.

Tag 14

Grünes Frühstück

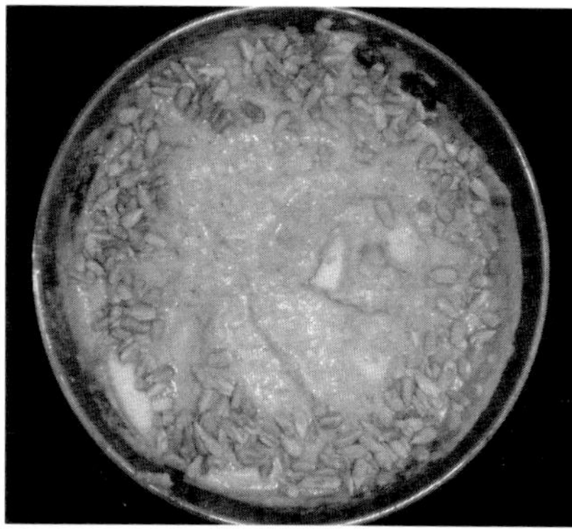

- 50 g Weizen
- 75 ml Wasser
- 2 Esslöffel Sahne
- 1 Esslöffel Zitronenschaum
- 2 Äpfel (190 g)
- 75 g Zucchini
- 10 g Sonnenblumenkerne

Vorabend:

50 g Weizen grob schroten (in einer Getreidemühle oder einem kleinen Mixer) und über Nacht abgedeckt stehen lassen (nicht im Kühlschrank).

Morgens:

Sahne unter den Schrot rühren. Zitronenschaum mit einem Apfel und dem Stück Zucchini pürieren (im Mixeraufsatz eines kleine Mixers oder mit der Reibe). Zweiten Apfel kleinschneiden und mit dem Obstpüree unter das Getreide rühren. Am Rand mit Sonnenblumenkernen bestreuen.

Danach: eine Scheibe Kartoffelbrot und ein „Blasser Haferkeks".

Ingweriger Drink

- 10 g Nackthafer
- 10 g Hirse
- 10 g Sonnenblumenkerne
- 1/4-1/2 Teelöffel gemahlener Ingwer (oder ein anderes Gewürz)
- 400-450 ml kochendes Wasser

Hafer, Hirse und Sonnenblumenkerne in einem kleinen Mixer im großen Becher fein mahlen. In eine Schüssel umfüllen, mit dem Ingwer mischen. Den Becher etwa halb mit Wasser füllen, Mahlgut hinzugeben und gut mixen.

Mit Wasser auffüllen und noch ein letztes Mal sehr gut durchmixen.

Mischsalat mit Kichererbsen (Hauptmahlzeit)

- 100 g gekochte Kichererbsen (Rest vom Vortag)
- 70 g Endiviensalat
- 80 g Möhre
- 50 g Rote Beete
- 3 Esslöffel Standardsalatsoße
- 2 Esslöffel Wasser (Gnocchikochwasser)

Endivienblätter waschen und abtropfen lassen. Rote Beete, Möhre und Endivienblätter kleinschneiden. Mit den Kichererbsen mischen (evtl. gut abdecken und bis mittags in den Kühlschrank stellen), dann Soße und Wasser gründlich unterziehen.

Nach dem Salat gibt's eine Scheibe Kartoffelbrot mit Wirsingaufstrich und ein Stück von der Nussrolle.

Gewürzdrink

- 10 g Nackthafer
- 10 g Leinsamen
- 1/4-1/2 Teelöffel gemahlener Ingwer
- 1/4-1/2 Teelöffel Zimt
- 400-450 ml kochendes Wasser

Hafer und Leinsamen in einem kleinen Mixer im großen Becher fein mahlen. In eine Schüssel umfüllen, mit Ingwer und Zimt mischen. Den Becher etwa halb mit Wasser füllen, Mahlgut hinzugeben und gut mixen.

Mit Wasser auffüllen und noch ein letztes Mal sehr gut durchmixen.

Tipp:

Wer noch andere Gewürze wie Muskatnuss, Nelke, Anis, gemahlene Zitronenschale und mehr auf Vorrat hat, kann von allem eine kleine Prise hinzugeben.

Endivienbeetesalat in Zimtdressing

- 70 g Endiviensalat
- 55 g Rote Beete

Dressing:

- 1 Esslöffel Standardsalatsoße
- 1 Esslöffel Wasser (Gnocchi-Kochwasser)
- 1 Esslöffel Sahne
- 1 Prise Zimt

Endivienblätter waschen, abtropfen lassen, in Streifen schneiden. Rote Beete in feine, dünne Streifen schneiden. Dressingzutaten mit einer Gabel in einer Schüssel gut verschlagen. Endivienstreifen und Rote Beete unterziehen.

Tipp:

Auch wenn Zimt auf den ersten Blick ungewöhnlich klingt, so ist dies eine sehr leckere Soße. Zimt eignet sich, vorsichtig angewendet, für viele herzhafte Gerichte.

Halbbratkartoffeln mit Wirsing-Spitzkohlgemüse

Zubereitungszeit: 25 Minuten

Halbbratkartoffeln

- 210 g Kartoffeln
- 2 Esslöffel Wasser
- 2 Esslöffel Sonnenblumenöl
- 1 gute Prise Salz

Kohlgemüse:

- 140 g Spitzkohl (Außenblätter)
- 60 g Wirsing (Außenblätter)
- 55 g Wasser
- 10 g Hirse
- 1/2 Teelöffel Salz
- 125 g Wasser
- 1 Esslöffel Sahne

Halbbratkartoffeln:

Kartoffeln unter fließendem Wasser gut abbürsten und in Scheiben schneiden. Wasser und Öl in einer kleine Pfanne verrühren. Kartoffeln hineingeben, Deckel auflegen und auf höchster Einstellung zum Kochen bringen. (Jetzt mit dem Gemüse anfangen.) Auf kleinste Einstellung drehen und 18 Minuten dünsten. Mit etwas Salz bestreuen.

Kohlgemüse:

Kohl- und Wirsingblätter sehr gut waschen, nicht abtropfen lassen. Wasser in einen Topf geben. Kohlgemüse in feine Streifen schneiden und in den Topf geben. Deckel auflegen und auf höchster Einstellung zum Kochen bringen. Auf kleinste Einstellung drehen und 14 Minuten dünsten. Hirse mahlen, mit Salz, Wasser und Sahne gut verquirlen. Unter das Gemüse rühren, einmal aufkochen.

Für den ersten Teller: Die Hälfte der Kartoffeln auf einen Teller geben, die Hälfte des Gemüses dazu legen.

Tipps:

Diese Art, Kartoffeln zuzubereiten, schätze ich sehr: Es macht wenig Arbeit, ich kann die Kartoffeln ungeschält verwenden, ich brauche keine Unmengen von Fett, es geht schnell, die Küche ist nicht wie bei Bratkartoffeln voller Fettdunst.

Woche 3

Übertrag aus Woche 2: 48,56 Euro

3 Bio-Bananen (Bioladen) .... 0,98 Euro

2 kg Äpfel (Gemüsegärtner)........ 2,50 Euro

1 Pampelmuse (Gemüsegärtner) .... 0,80 Euro

1 Stück Petersilienwurzel (Gemüsegärtner)........ 0,80 Euro

1 Endiviensalat (Gemüsegärtner) .... 1,50 Euro

Biotüte .... 11,68 Euro

1,5 kg Kartoffeln
335 g Porree (2 dünne Stangen)
440 g Sellerie
540 g Rote Beete
200 g rote Paprika (1 Schote)
400 g Zwiebeln (4 Stück)
600 g Spitzkohl (1 Stück)
860 g Wirsing (1 Stück)
630 g Möhren

1 Würfel Bio-Hefe (42 g) (Bioladen) .... 0,59 Euro

500 ml Sahne (Bioladen)........ 2,29 Euro

250 g Carob (Bioladen) .... 3,49 Euro

500 g Honig (Drogeriemarkt) .... 2,95 Euro

125 g Kokosraspeln (Bioladen)........ 1,39 Euro

SUMME........ 28,97 Euro

Rest (48,56 Euro– 28,97 Euro) .... 19,59 Euro

Tag 15

Knackhaferfrühstück

- 50 g Nackthafer
- 10 g Sonnenblumenkerne
- 60 ml Wasser

- 3 kleine Äpfel (240 g)
- 1 Esslöffel Zitronenschaum
- 1 Esslöffel Sahne
- 1 kleine Apfelsine (140 g brutto)

1 Scheibe Kartoffelbrot

Vorabend:

Hafer, Sonnenblumenkerne und Wasser verrühren und über Nacht einweichen (nicht im Kühlschrank).

Morgens:

Zwei Äpfel mit dem Zitronenschaum in einem kleinen Mixer pürieren. Mit der Sahne unter das Getreide rühren. Die Apfelsine schälen, würfeln, den dritten Apfel kleinschneiden und beides mit den anderen Zutaten vermischen.

Wer nach dem Frühstück noch Hunger hat, isst noch eine Scheibe Brot.

Mandeldoppelcreme (Drink)

- 10 g Nackthafer
- 10 g Mandeln
- 2 Esslöffel Sahne
- 400-450 ml kochend heißes Wasser

Hafer und Mandeln in einem kleinen Mixer sehr fein mahlen. Sahne und einen Teil des Wassers hinzugeben und gut durchmixen. Mit Wasser auffüllen und nochmals sehr gut mixen.

Paprikasalat mit Pellkartoffeln (Hauptmahlzeit)

- 1 Paprikaschote (170 g netto)
- 1 Möhre (70 g)
- 60 g Endiviensalat
- 3 Esslöffel Standardsalatsoße
- 2 Esslöffel Kochwasser von den Gnocchi
- 200 g Kartoffeln

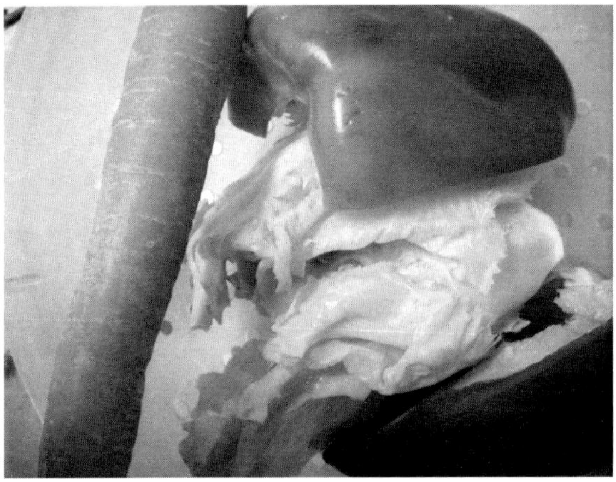

Gemüse gegebenfalls waschen und klein schneiden. Wer den Salat schon morgens vorbereitet: gut abgedeckt im Kühlschrank aufbewahren. Mittags dann Salatsoße und Wasser hinzugeben, gut unterrühren.

Die Kartoffeln abwaschen, in einen Topf geben. So viel Wasser hinzufügen, dass sie fast bedeckt sind. Deckel auflegen, zum Kochen bringen und dann bei kleiner Einstellung 20-25 Minuten kochen, je nach Größe. Die Kartoffeln sind gar, wenn ein Messer leicht und weich eindringt.

Anisrosinendrink

- 10 g Nackthafer
- 10 g Rosinen
- 1 Prise Anis
- 400-450 ml kochend heißes Wasser

Hafer in einem kleinen Mixer sehr fein mahlen und umfüllen. Rosinen in den Mixbecher geben, mit etwas Wasser übergießen und pürieren Hafer und Anis hinzugeben, mit Wasser auffüllen und nochmals sehr gut mixen.

Kohlrabisalat in Currysauce

Dressing:

- 2 Esslöffel Standardsalatsoße
- 1 Esslöffel Wasser
- 2 Teelöffel Öl
- 1/2 gestr. Teelöffel Curry

Feste Zutaten:

- 50 g Endivie
- 75 g Kohlrabi (netto)
- 10 g Rosinen

Dressingzutaten mit einer Gabel gut verquirlen.

Endivienblätter gut waschen, in Streifen schneiden. Kohlrabi sehr fein stifteln. Beides in die Salatsoße geben und gut unterrühren. Mit den Rosinen bestreuen.

Weizensprossen (in der Schale)

- 40 g Weizen

Weizen abends in eine kleine Schüssel füllen, mit Wasser übergießen und wie beschrieben sprossen lassen (s. Seite 35).

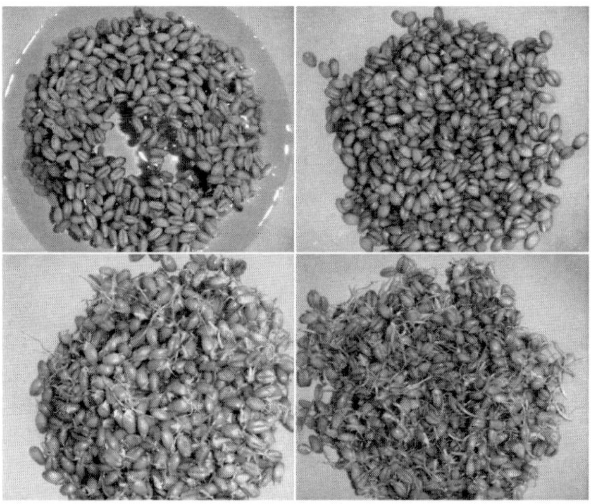

Hirse-Wirse

Zubereitungszeit:
ca. 25-30 Minuten

Gemüse:
- 60 g Hirse
- 25 g Zwiebel (netto)
- 200 g Wasser
- 200 g Wirsing

Soße:
- 5 g Nackthafer
- 10 g Sonnenblumenkerne
- 1 Teelöffel Zitronenschaum
- 1/2-1 gestr. Teelöffel Salz
- 100 ml kochendes Wasser

Gemüse: Hirse in eine Pfanne geben. Gewürfelte Zwiebel darüber streuen, mit 200 g kaltem Wasser übergießen. Wirsing gut waschen, in Streifen und dann noch mal quer schneiden. Wirsing auf der Hirse verteilen. Deckel auflegen und auf höchster Einstellung zum Kochen bringen. Auf kleinste Einstellung drehen und 18 Minuten dünsten.

Soße: Hafer und Sonnenblumenkerne in einem kleinen Mixer fein mahlen. Zitronenschaum, Salz und Wasser hinzugeben und sehr gut vermischen.

Wirsing und Hirse verrühren, die Hälfte auf einen Teller füllen. Die Hälfte der Soße hinzugeben.

Hinweis:
Die Soße sollte durchaus kräftig gesalzen sein, da an das Gemüse ja kein Salz mehr kommt.

Möhren-Dattel-Dusche (Drink)

- 14-15 g Möhre
- 2 getr. Datteln (16 g)
- 4 g Mandeln
- ca. 500 ml kochendes Wasser

Möhre und Datteln grob vorschneiden. Mit den Mandeln In den groß-en Mischbecher eines kleinen Mixers geben und mit etwas heißem Wasser übergießen, mixen. Bis oben auffüllen und gründlich mixen.

Tag 16

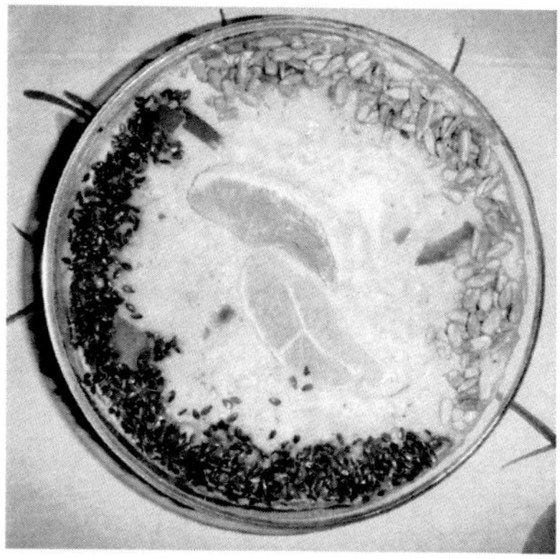

Halbe-Halbe-Frühstück

- 50 g Weizen
- 75 ml Wasser
- 1 Esslöffel Zitronenschaum
- 3 kleine Äpfel (245 g)
- 1 Apfelsine (130 g brutto)
- 2 Teelöffel Sonnenblumenkerne
- 1 Teelöffel Leinsamen

Vorabend:

Weizen grob schroten und im Wasser über Nacht einweichen (nicht in den Kühlschrank stellen.

Morgens:

Apfelsine schälen, 2 Stücke beiseite legen. Den Rest der Apfelsine, Zitronenschaum und zwei Äpfel pürieren (z.B. in einem kleinen Mixer, dann vorher grob zerkleinern). Unter den Schrot rühren. Dritten Apfel würfeln und unterziehen. Die beiden Apfelsinenstücke gegeneinander gerichtet in die Mitte legen. Den Rand halb mit Sonnenblumenkernen und halb mit Leinsamen bestreuen.

Zitronenhirse (Drink)

- 10 g Mandeln
- 15 g Hirse
- 1 Esslöffel Sahne
- frisch abgeriebene Schale von ca. 1/4 Zitrone
- 400-450 ml kochend heißes Wasser

Mandeln und Hirse in einem kleinen Mixer sehr fein mahlen. Sahne, Zitronenschale und einen kleinen Teil des Wassers in den Becher geben. Gut durchmixen, mit Wasser auffüllen und nochmals sehr gut mixen.

Suppensalat (Hauptmahlzeit)

- 70 g Endiviensalat
- 45 g Sellerie (netto)
- 90 g Kohlrabi (netto)
- 25 g Porreestange
- 60 g Möhre
- 3 Esslöffel Standardsalatsoße
- 2 Esslöffel Wasser (Kochwasser)

Endivie waschen und abtropfen lassen, trockenschleudern (z.B. in einem Geschirrtuch). Alles Gemüse kleinschneiden. Wer den Salat schon morgens vorbereitet, stellt ihn gut abgedeckt bis mittags in den Kühlschrank. Salatsoße und Wasser darüber gießen und gut vermischen.

Danach eine Scheibe Brot reichen. Zum Nachtisch gab es die letzte Ecke der Nussrolle.

Apfelsinenhirsedrink

- 20 g Hirse
- 5 g Sonnenblumenkerne
- frisch abgeriebene Schale von 1/2 kleinen Apfelsine
- 400-450 ml kochend heißes Wasser

Hirse und Sonnenblumenkerne in einem kleinen Mixer sehr fein mahlen. Orangenschale hinzugeben und etwas heißes Wasser darüber gießen. Gut mixen. Mit Wasser auffüllen und nochmals mixen.

Kohlrabi-Möhren-Rohkost

Feste Zutaten:

- 55 g Kohlrabi (geschält)
- 85 g Möhre
- 1/2 Apfel (40 g)

Dressing:

- 2 Esslöffel Standardsalatsoße
- 1 gestr. Teelöffel Honig
- 2 Esslöffel Wasser

Dressingzutaten mit einer Gabel gut verschlagen. Feste Zutaten fein raffeln (mit der Handraffel oder im Zerkleinerer).

Mit dem Dressing verrühren.

Carobwonne (Drink)

- 20 g Sahne
- 5 g Carob
- 12 g Honig (1 Teelöffel)
- ca. 500 ml kochendes Wasser

Einen Teil des Wassers mit den anderen Zutaten in einen Mischbecher geben. Mit einem Löffel verrühren, mit Wasser auffüllen und gut durchmixen.

Lauchtorte

(Zubereitungszeit ca. 45 Minuten, davon 25 Minuten im Ofen)

Teig:
- 125 g Kartoffel
- 50 g Weizen
- 20 g Hirse
- 15 g Leinsamen
- 1 Prise Salz
- 2 Teelöffel Öl

Gemüse und Guss:
- 180 g Lauch (1 dünne Stange)
- 20 g Zwiebel (netto)
- 20 g Sonnenblumenkerne
- 10 g Hirse
- 1 Teelöffel Öl
- 125 g Wasser
- 1 Esslöffel Sahne
- 1/2 gestrichener Teelöffel Salz
- 1 Teelöffel Zitronensaft
- 5 g Butter

Teig:
Kartoffel unter fließendem Wasser gut abbürsten und fein pürieren (z.B. in einem kleinen Mixer) oder reiben. Weizen, Hirse und Leinsamen zusammen fein mahlen (ebenfalls im Mixer). Alle Teigzutaten miteinander verrühren. Eine 24-cm-Quicheform mit 2 Teelöffeln Öl einpinseln. Den Teig mit der Hand darin auseinanderdrücken.

Gemüse:
Lauch waschen, in dünne Ringe schneiden. Zwiebel würfeln. Beides auf dem Teig verteilen.

Die festen Zutaten für den Guss in einem kleinen Mixer (s.o.) fein mahlen. Die flüssigen Zutaten hinzugeben und gut durchmixen. Gleichmäßig verteilt über das Gemüse gießen.

In den kalten Ofen schieben. Bei 200 °C (Umluft) 25 Minuten lang backen. In den letzten 10 Minuten abdecken (dafür eignet sich auch Dauerbackfolie oder Pergamentpapier gut). Aus dem Ofen nehmen und die Butter dünn geschnitten darauf legen.

Tipp:

Wer keine Quicheform hat, kann auch eine Springform nehmen. Wer nur größere Formen hat, nimmt entsprechend mehr Zutaten.

Tag 17

Zitronenaromafrühstück

- 50 g Weizen
- 75 ml Wasser
- 10 g Mandeln
- 1 Banane (140 g brutto)
- 1,5 Äpfel (145 g)
- 1 Esslöffel Zitronenschaum
- abgeriebene Schale von 1/4 Zitrone

Vorabend:

50 g Weizen grob schroten (in einer Getreidemühle oder einem kleinen Mixer). Mit Wasser verrühren und über Nacht abgedeckt stehen lassen (nicht im Kühlschrank). Mandeln in Wasser über Nacht einweichen.

Morgens:

Banane schälen. Einen Apfel mit 3/4 Banane und dem Zitronenschaum pürieren. 6 Mandeln beiseite legen. Das restliche Obst klein schneiden, mit Zitronenschale und restlichen Mandeln unter den Schrot ziehen. Die 6 Mandeln mit den Spitzen zueinander in die Mitte legen.

Das letzte Stück Brot anschließend essen.

Neuen Zitronenschaum mit 3 Esslöffeln Wasser herstellen (siehe Seite 30).

Trinkcarobilade

- 10 g Nackthafer
- 10 g Leinsamen
- 10 g Carob
- 20 g Sahne
- 450-500 ml kochendes Wasser

Hafer und Leinsamen in einem kleinen Mixer fein mahlen. Carob, Sahne und etwas Wasser hinzugeben, gut vermischen. Mit Wasser auffüllen und sehr gut durchmixen.

Kartoffelsalat vegan (Hauptmahlzeit)

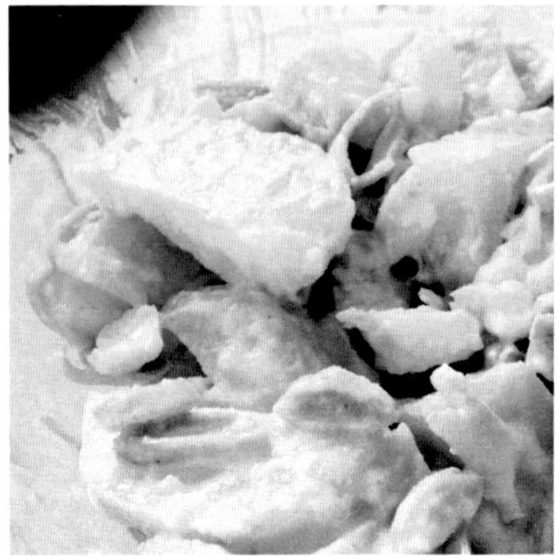

- 245 g Kartoffel gekocht und geschält (war bei mir 1 große Kartoffel von 340 g; innen aber mit Schadstelle)
- 22 g Porree

Vegane „Mayonnaise“:
- 20 g Sonnenblumenkerne
- 1 Esslöffel Zitronensaft
- 1 Messerspitze Curry
- 2 g Salz (1 gestr. Teelöffel)
- 4 Esslöffel Wasser

Kartoffeln als Pellkartoffeln zubereiten. Gut unter fließendem Wasser abbürsten. In einen Topf geben, so viel Wasser hinzufügen, dass die Kartoffeln gerade bedeckt sind. Zum Kochen bringen und köcheln lassen, bis sie gar sind, d.h. ein Einstich mit einem spitzen Messer weich ist. Bei dieser großen Kartoffeln hat das 35 Minuten gedauert! Sonst kann man für Pellkartoffeln ca. 25 Minuten rechnen.

Etwas abkühlen lassen und Schale abziehen. Dann auskühlen lassen. In Scheiben schneiden. Porree gut waschen und in Ringe schneiden. Sonnenblumenkerne in einem kleinen Mixer sehr fein mahlen (bis das Messer nichts mehr zu greifen hat). Mit den anderen Zutaten gut verschlagen und in eine Schüssel füllen. Kartoffeln und Porree unterziehen (einige Kartoffelstücke in den Mixbecher geben — nicht mixen! —, um die Soße ganz herauszubekommen). Ein bis zwei Stunden im Kühlschrank durchziehen lassen.

Tipp:

Gut schmeckt auch, wenn man noch einen kleinen gewürfelten Apfel oder etwas klein geschnittene Gurke unterzieht.

Trinkrosine

- 10 g Rosinen
- 10 g Leinsamen
- Abgeriebene Schale von etwa 1/2 kleinen Apfelsine
- 450-500 ml kochendes Wasser

Leinsamen, Rosinen und Schale mit etwas von dem heißen Wasser gut mixen. Mit Wasser auffüllen und sehr gut durchmixen.

Carobener Sonnenaufstrich

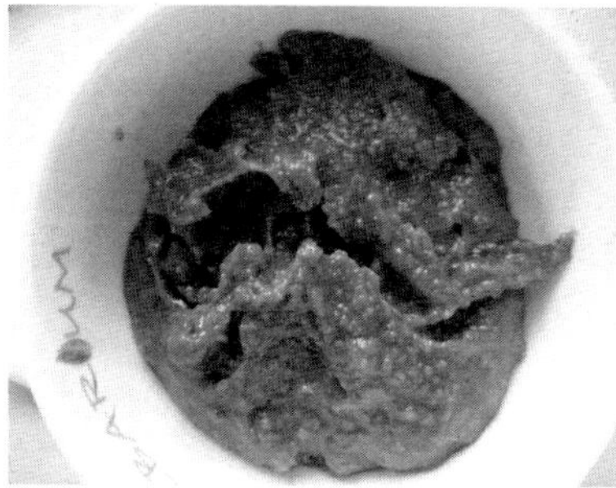

- 50 g Sonnenblumenkerne
- 20 g Nackthafer
- 40 g Wasser
- 1 Teelöffel Carob
- 22 g Honig
- einige Körnchen Salz

Sonnenblumenkerne in einem kleinen Mixer fein mahlen und in eine kleine Schüssel umfüllen. Hafer ebenfalls fein mahlen, kochendes Wasser hinzugeben. Erst mit dem Löffel durchrühren und dann gut verquirlen. Alle Zutaten zusammen im Mixer gut mixen. Nochmals gut mit dem Löffel nachrühren. In eine kleine Schüssel umfüllen und im Kühlschrank aufbewahren.

Tipp:

Schmeckt gut als Aufstrich oder auch als Nachtisch.

Endivienkohlrabi

- 55 g Endiviensalat
- 65 g Kohlrabi (netto)
- Einige dünne Scheiben Möhre
- 2 Esslöffel Standardsalatsoße
- 1 Esslöffel Sahne
- 1 Esslöffel Wasser

Dressingzutaten in einer kleinen Schüssel mit einer Gabel verquirlen. Endiviensalat und Kohlrabi kleinschneiden, unterziehen. Mit den Möhrenscheiben dekorieren.

Butterwirsing

Zubereitungszeit: ca. 25 Min

- 125 ml Wasser
- 80 g Porree (Rest einer dünnen Stange)
- 120 g Kartoffel
- 100 g Wirsing
- 1/2-1 Teelöffel Salz
- 20 g Butter

Wasser in eine Pfanne geben. Porree waschen und in Ringe schneiden, Kartoffel unter fließendem Wasser gut abbürsten und in Scheiben schneiden. Beides in die Pfanne geben. Wirsing waschen und kleinschneiden, ebenballs in die Pfanne geben.

Deckel auflegen und auf höchster Einstellung zum Kochen bringen. Auf kleinste Einstellung drehen und 16 Minuten dünsten. Mit Salz bestreuen, die Butter hinzugeben und schmelzen lassen. Leicht untereinander mischen und servieren.

Heiße Hirse

- 25 g Hirse
- 10 g Honig
- 450-500 ml kochendes Wasser

Hirse sehr fein mahlen. Mit Honig und 50 ml Wasser gut mixen. Mit Wasser auffüllen und sehr gut durchmixen.

Tag 18

Frühstückssmoothie

- 50 g Weizen
- 70 g Wasser
- 1 Esslöffel Sahne
- 2 Äpfel (170 g)
- 1 Apfelsine (122 g brutto)
- 1 Esslöffel Zitronenschaum
- 2 Teelöffel Leinsamen

Vorabend:

Weizen fein schroten. Mit Wasser verrühren und über Nacht einweichen (nicht im Kühlschrank).

Morgens:

Sahne unter den Schrot rühren. Äpfel und geschälte Apfelsine grob zerteilen und mit dem Zitronenschaum in einem kleinen Mixer pürieren und unter das Getreide mischen.

Oberfläche glattstreichen und ein Leinsamenmuster darauf streuen.

Carob Delight (Drink)

- 20 g Leinsamen
- 5 g Nackthafer
- 5 g (1 Teelöffel) Carob
- 2 getrocknete Datteln, entsteint (14 g)
- 2 Esslöffel Sahne
- 400-450 ml kochendes Wasser

Leinsamen und Hafer in einem kleinen Mixer im großen Becher fein mahlen, in eine kleine Schüssel umfüllen und mit dem Carob verrühren. Datteln mit 50 ml heißem Wasser pürieren. Sahne und Mahlgut zu dem Mixbecher geben, mit Wasser auffüllen und noch sehr gut durchmixen.

Fermentiertes Leinsamenbrot

Vorteig:

- 120 ml kaltes Wasser
- 4 g Hefe
- 1 sehr flach gestr. TL Honig
- 100 g Weizen

Hauptteig:

- 240 ml kaltes Wasser
- 1/2 Esslöffel Vollmeersalz
- 450 g Weizen
- 50 g Leinsamen
- 1 Teelöffel Öl

Am Morgen vorher: Für den Vorteig Wasser, Honig und Hefe in einer größeren Schüssel gut verrühren. 100 g Weizen mahlen und mit der Flüssigkeit verrühren. Schüssel in eine Plastiktüte stecken und an einem kühlen Ort wie z.B. einem ungeheizten Flur oder Bad (nicht im Kühlschrank!) etwa 10-12 Std. stehen lassen.

Vorabend: Vorteig im Wasser auflösen. 450 g Weizen mahlen. Salz untermischen und mit dem aufgelösten Vorteig gut verkneten (10 Min mit der Hand). Der Teig sollte glatt und nicht zu weich sein. Da der Teig noch stark geht, Schüssel nicht zu klein wählen. Wie oben beschrieben an einem kühlen Ort ca. 12 Stunden stehen lassen.

Morgen: Leinsamen auf den Teig schütten und durchkneten, bis der Leinsamen eingearbeitet ist. Schüssel nochmals in eine Plastiktüte stecken und an einem warmen Ort 30 Minuten gehen lassen. Eine kleine Springform (18 oder 20 cm) mit etwas Öl einpinseln. Den Teig nochmals gut durchkneten, zu einer Kugel formen und in die Springform legen. Oben einmal einschneiden. Mit Wasser besprühen und in eine Plastiktüte stecken. An einem warmen Ort 20 Minuten gehen lassen. In dieser Zeit den Ofen auf 250 °C (Umluft) vorheizen, auf den Boden eine feuerfeste Form mit Wasser stellen. Blech einschieben, Ofen auf 200 °C stellen, 10 Minuten backen. Dann die Temperatur auf 175 °C absenken und weitere 35 Minuten backen. Gut mit Wasser einsprühen und auf einem Gitterrost auskühlen lassen.

Tipp: Wer keine kleine Springform hat, backt entweder ein flacheres Brot, nimmt einen Backrahmen oder eine entsprechende Keramikschüssel. Freigeschoben lässt sich dieser Teig nicht backen, dafür ist er zu weich.

Rosinenstuten

- 1/2 Würfel Hefe (21 g)
- 100 g Wasser
- 45 g Sonnenblumenkerne
- 300 g Weizen
- 1 Prise Salz
- 50 g Sahne
- 2 Esslöffel Öl
- 50 g Honig
- 1 Esslöffel Wasser
- 100 g Rosinen
- frisch abgeriebene Schale von 1/2 Zitrone
- 15 g Butter
- 25 g Honig

Hefe im Wasser auflösen.

Sonnenblumenkerne auf mittlerer Einstellung in einer trockenen Pfanne rösten, bis sie hellbeige sind.

Weizen mahlen, in die Mitte eine Kuhle drücken. Hefewasser hineingießen und mit etwas Mehl zu einem Brei verrühren (= Vorteig). 20 Minuten gehen lassen.

Salz, Sahne, Öl, Honig und 1 Esslöffel Wasser zu dem Vorteig / Mehl geben und gründlich mit der Hand verkneten (etwa 10 Minuten). Dann noch Rosinen, Sonnenblumenkerne und geriebene Schale gründlich einkneten. Eine Teigkugel unter Spannung formen und mit dem Teigschluss (der Nahtstelle) nach unten in eine Schüssel legen. Schüssel in einen Plastiksack stecken, mit einem Tuch abdecken und 30 Minuten gehen lassen. Der Teig hat sich dann sichtlich vergrößert.

Teig nochmals gut durchkneten, einen kleinen Stuten formen. Auf ein mit Dauerbackfolie ausgelegtes Backblech legen (oder das Blech mit Öl einpinseln), mit Wasser einsprühen. In der Mitte einmal längs einschneiden, Blech in eine große Plastiktüte stecken und ca. 25 Minuten gehen lassen.

In den Ofen schieben, der noch vom Brotbacken heiß ist (oder in 20 Minuten auf 175 °C vorheizen), und 35-45 Minuten bei 175 °C (Umluft) backen, auf dem Boden steht eine feuerfeste Form mit Wasser.

Butter mit Honig in einem Topf vorsichtig zerlassen. Den heißen Stuten mehrmals mit einem Spieß einstechen und mit der Honigbuttermischung bepinseln. Auf einem Kuchengitter auskühlen lassen.

Mischknäcke

- 100 g Weizen
- 100 g Hirse
- 50 g Nackthafer
- 50 g Kichererbsen
- 1 Teelöffel Salz
- 50 g Butter
- 130 g Wasser
- 30 g Leinsamen

Ergibt ein Backblech.

Weizen, Hirse und Hafer mischen und in einer Getreidemühle fein mahlen. Kichererbsen in einem kleinen Mixer fein mahlen. Zusammen mit den anderen Zutaten gründlich durchkneten.

Zu einer Kugel unter Spannung formen und in der Schüssel in einer Plastiktüte 30-60 Minuten ruhen lassen.

Den Teig auf einer Dauerbackfolie in Größe eines Backblechs ausrollen. Mit einer Gabel oder einem entsprechenden Gerät einstechen und mit einem Messer Stücke vorschneiden.

In den 175 °C heißen Ofen schieben (nach dem Stuten) und insgesamt 35 Min backen (nach 25 Min und dann noch einmal nach 30 Min schon einmal eventuell fertige Randstücke entfernen).

Aus dem Ofen nehmen und auf einem Gitterrost erkalten lassen. Sobald es nicht mehr ganz heiß ist, entlang der Perforation in Stücke brechen. Kalt in eine gut schließende Metalldose geben.

Tipp:

Wer keine Dauerbackfolie hat oder verwenden will, heizt das Blech im Ofen einige Minuten an und verteilt dann mit einem Pinsel ein Stückchen Butter auf dem Blech.

Wer vorher keinen Stuten gebacken hat, schiebt das Knäckebrot in den kalten Ofen ein, die Backzeit verlängert sich um ca. 5 Minuten — dennoch das erste Mal nach 25 Minuten die Randstücke prüfen!

Walddorfsalat (Hauptmahlzeit)

Dressing:

- 10 g Mandeln
- 2 Teelöffel Sahne
- 1-2 Teelöffel Zitronensaft
- 1 gestr. Teelöffel Honig
- etwas frisch gemahlener Pfeffer
- 1/2 Teelöffel Salz
- 50 ml Wasser

Feste Zutaten:

- 10 g Mandeln
- 160 g Sellerie (netto)
- 1 Apfel (100 g)
- 2 Mandeln

---

10 g Mandeln mit kochendem Wasser übergießen und einige Minuten stehen lassen, dann die Kerne aus den Schalen drücken. In einem kleinen Mixer (fein mahlen), die anderen Dressingzutaten hinzugeben und kräftig durchmixen. In eine Schüssel füllen.

10 g Mandeln grob hacken (Mixer oder Zerkleinerer). Sellerie schälen und fein raffeln (mit der Handraffel oder im Zerkleinerer). Apfel ungeschält genauso raffeln. Alles in die Salatschüssel geben und gut vermischen und glattstreichen. Die beiden Mandeln mit einem scharfen Messer in Hälften oder Spalten schneiden und als Dekoration in die Mitte des Salats legen.

Tipp:

Mit besserem Budget schmeckt das auch lecker mit Walnüssen und Ananas.

Spitzkohlmuschel (Rohkost)

- 1 großes Spitzkohlblatt (35 g)
- 70 g Rote Beete (netto)
- 20 g Zwiebel (netto)
- 2 Esslöffel Standardsalatsoße

Blatt mit der Wölbung nach unten auf einen Teller legen. Rote Beete und Zwiebel sehr fein schneiden, mischen. Mit Salatsoße vermengen und in das Blatt füllen.

Pizza Cipolla

Zubereitungsdauer: ca. 75 Min (reine Arbeitszeit ca. 30 Min);

Teig:
- 1/3 Päckchen Biohefe (14 g)
- 65 g Wasser
- 100 g Weizen
- 25 g Hirse
- 1/2 gestr. Teelöffel Salz
- 12 g Sonnenblumenöl

Für die Form:
- 1 Teelöffel Öl

Belag:
- 1 Teelöffel Öl
- 1 Teelöffel getr. Oregano
- 4-10 g Weizen zum Ausrollen

Zwiebelmasse:
- 1 Esslöffel Sonnenblumenöl
- 1 Esslöffel Wasser
- 200 g Zwiebel (netto)
- 2 Knoblauchzehen

Guss:
- 20 g Sonnenblumenkerne
- 10 g Nackthafer
- 1 Teelöffel Öl
- 130 g Wasser
- 1/2 gestr. Teelöffel Salz
- 1 Teelöffel Zitronenschaum

Hefe in 65 g Wasser auflösen.

Weizen und Hirse in der Getreidemühle fein mahlen. Mit Hefewasser, Salz und Öl verkneten. Etwa 25 Minuten gehen lassen.

1 Esslöffel Öl und 1 Esslöffel Wasser in eine Pfanne geben. Zwiebeln und Knoblauch schälen, in dünne Scheiben schneiden, hineingeben. Deckel auflegen und bei höchster Einstellung zum Kochen bringen. Sobald Dampf unter dem Deckel austritt, auf kleinste Einstellung stellen und 5 Minuten dünsten.

Eine 24-cm-Form (z.B. eine Quicheform) mit 1 Teelöffel Öl einpinseln. 10 g Weizen mahlen und den Hefeteig mit Hilfe des Mehls etwa auf die Größe der Quicheform ausrollen: Quicheform auf den Teig aufsetzen und eindrücken, dann sieht man genau, ob es passt.

Den Teig hineingeben und einen kleinen Rand nach oben bilden. Mit einem Teelöffel Öl bepinseln. Oregano zwischen den Händen zerreiben und auf den Teig streuen. Zwiebelmasse darauf verteilen.

Sonnenblumenkerne und Hafer in einem kleinen Mixer fein mahlen. Die übrigen Gusszutaten hinzufügen und sehr gut durchmixen. Gleichmäßig über den Zwiebeln verteilen.

In den kalten Ofen schieben, auf dem Boden steht eine feuerfeste Form mit Wasser. 25 Minuten bei 200 °C (Umluft) backen. In der Form servieren.

Tipp:

Wer kein Oregano hat, kann auch eine Pizzakräutermischung oder andere getrocknete Kräuter nehmen. Fast jeder hat ja irgendwo im Küchenschrank ein vergessenes Gläschen mit Trockenkräutern stehen. Es schmeckt aber auch lecker ganz ohne Kräuter.

Wer keine Quiche- oder Springform in der Größe hat, nimmt entweder eine normale Pizza- oder eine Springform. Die Zutaten reichen.

Sweet Millet (Drink)

- 15 g Hirse
- ca. 12 g Honig
- 450-500 ml kochendes Wasser

Hirse in einem kleinen Mixer fein mahlen und umfüllen. Etwa 70 g kochend heißes Wasser in ein fast leeres Honigglas geben, umschütteln und in den Mixbecher geben. Hirse hineinschütten, mixen. Mit Wasser auffüllen und sehr gut durchmixen.

Tag 19

Fin Fashion-Frühstück

- 50 g Weizensprossen
- 1 Banane (150 g brutto)
- 2 Äpfel (200 g)
- 1 Esslöffel Zitronenschaum
- 10 g Rosinen

Morgens: Geschälte Banane und einen geviertelten Apfel mit dem Zitronenschaum in einem kleinen Mixer pürieren. Zweiten Apfel kleinscheiden, mit dem Püree unter die Sprossen rühren. Mit Rosinen bestreuen.

Als Start in den Tag gibt es noch eine Scheibe Leinsamen- und ein paar Stückchen Knäckebrot.

Carobisierter Mandelleinsamendrink

- 10 g Mandeln (eigentlich Teil des Frühstücks)
- 10 g Leinsamen
- 1 Teelöffel Carob
- 1 Esslöffel Sahne (eigentlich Teil des Frühstücks)
- 400-450 ml kochendes Wasser

Mandeln und Leinsamen in einem kleinen Mixer im großen Becher fein mahlen und umfüllen. Mit Carob mischen. Sahne in den Mixbecher geben. Den Becher etwa halb mit Wasser füllen, Mahlgut hinzufügen und gut mixen. Mit Wasser auffüllen und noch ein letztes Mal sehr gut durchmixen.

Wurzelsalat (Hauptmahlzeit)

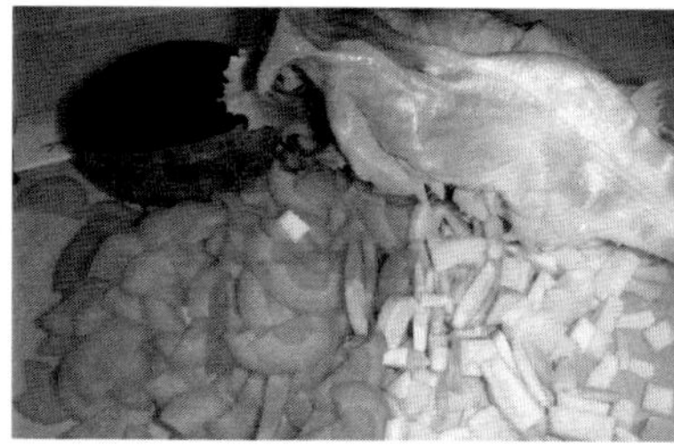

- 105 g Möhre
- 95 g Rote Beete
- 40 g Wurzelpetersilie
- 30 g Sellerie (netto)
- 30 g Endiviensalat
- 3 Esslöffel Standardsalatsoße
- 2 Esslöffel Wasser

Außer der Sellerie kein Gemüse schälen. Alles waschen, abtropfen lassen und kleinschneiden. Bis zum Mittagessen gut abgedeckt in einer Schüssel im Kühlschrank aufbewahren. Mit Salatsoße und Wasser gut vermischen.

Danach gibt es eine Scheibe Leinsamenbrot und ein kleines Stück Stuten.

Haferiger Carobdrink

- 10 g Nackthafer
- 10 g Leinsamen
- 1 Teelöffel Carob
- 400-450 ml Wasser

Hafer und Leinsamen in einem kleinen Mixer im großen Becher fein mahlen. Umfüllen, mit Carob mischen und den Becher etwa halb mit Wasser füllen. Mahlgut hinzufügen, mixen. Mit Wasser auffüllen und noch einmal sehr gut durchmixen.

Endivie in Süß-Sauer (Salat)

- 100 g Endiviensalat
- 20 g Weizensprossen (Rest)
- 10 g Zwiebel (netto)
- 1 Teelöffel Zitronenschaum
- 1 Teelöffel Honig
- 2 Esslöffel Wasser
- 1 Prise Salz

Endivie waschen und kleinschneiden, Zwiebel fein würfen. Zitrone, Honig, Wasser und Salz verquirlen. Mit dem Endiviensalat und der Zwiebel verrühren. Mit Sprossen bestreuen.

Rotkraut mit Kartoffelcurry

Zubereitungszeit: 25 Min

Rotkraut:

- 50 ml Wasser
- 200 g Rotkohl
- 10 g Rosinen
- 1 Prise Salz
- 1 Teelöffel Öl

Kartoffelcurry:

- 100 ml Wasser
- 1 gestr. Teelöffel Curry
- 40 g Zwiebel (netto)
- 250 g Kartoffeln
- 10 g Kokosraspeln
- 1 gestr. Teelöffel Salz
- 1 Teelöffel Weizenmehl
- 85 g Wasser

Rotkohl:

50 ml Wasser in einen kleinen Topf geben. Rotkohl klein schneiden und mit den Rosinen in den Topf geben. Deckel auflegen und auf höchster Einstellung zum Kochen bringen. Auf kleinste Einstellung drehen und 18 Minuten dünsten. Mit Salz bestreuen, das Öl hinzugeben und untereinander mischen.

Kartoffelcurry:

100 ml Wasser und Curry in eine Pfanne geben. Zwiebel hacken, hinzufügen. Kartoffel(n) unter fließendem Wasser abbürsten, in Scheiben schneiden, auf die Zwiebeln geben. Mit Kokosraspeln bestreuen. Deckel auflegen und auf höchster Einstellung zum Kochen bringen. Auf kleinste Einstellung drehen und bis zum Ende der Rotkohlkochzeit dünsten (etwa 15 Minuten). Mit Salz bestreuen. Mehl und 85 g Wasser quirlen, unter die Kartoffeln rühren. Einmal aufkochen.

Von beiden Bestandteilen jeweils die Hälfte auf einen Teller geben. Zum Nachtisch gab es eine dünne Scheibe Stuten.

Tipp:
Wer mag, kann statt des Öls etwas Butter zum Rotkohl geben.

---

100 g Kichererbsen mit 250 g Wasser einweichen.
30 g Weizen zum Sprossen ansetzen (siehe Seite 35).

Tag 20

Jamaikaschale (FKG)

- 50 g Weizen
- 75 ml Wasser
- 1 Esslöffel Zitronenschaum
- 3 kleine Äpfel (255 g)
- 10 g Kokosraspeln
- 10 g Rosinen

Vorabend:

50 g Weizen grob schroten (in einer Getreidemühle oder einem kleinen Mixer). Mit Wasser verrühren und über Nacht abgedeckt stehen lassen (nicht im Kühlschrank).

Morgens:

Zitronenschaum mit zweieinhalb Äpfeln pürieren (in einem kleinen Mixer oder mit der Reibe). Halben restlichen Apfel klein schneiden und alles unter das Getreide rühren. Mit Kokosraspeln und Rosinen bestreuen.

Danach gab es einige Stücke Knäckebrot.

Kokoscarobdrink

- 20 g Kokosraspeln
- 1 Teelöffel Carob
- 1 Esslöffel Sahne (gehört zum Frühstück)
- 400-450 ml kochendes Wasser

Kokosraspeln in einem kleinen Mixer im großen Becher fein mahlen, Carob hinzufügen und mit 50 ml Wasser gut mixen. Mahlgut mit Wasser auffüllen und noch einmal sehr gut durchmixen.

Buntgemischter Rote Beete-Salat (Hauptmahlzeit)

- 70 g Endivie
- 60 g Spitzkohl
- 60 g Möhre
- 100 g Rote Beete
- 4 Esslöffel Standardsalatsoße
- 2 Esslöffel Wasser

Endiviensalat waschen. Gemüse kleinschneiden. Eventuell gut abgedeckt bis Mittag im Kühlschrank aufbewahren. Mit Soße und Wasser sehr gut mischen.

Nach dem Salat gibt's eine gute Scheibe von dem Leinsamenbrot mit Wirsingaufstrich und zum Nachtisch ein schmales Stück Rosinenstuten.

Gesalzener Kokosdrink

- 10 g Leinsamen
- 10 g Kokosraspeln
- 8 g Rosinen
- wenige Salzkristalle
- 400-450 ml kochendes Wasser

Leinsamen und Kokosraspeln in einem kleinen Mixer im großen Becher fein mahlen, in eine Schüssel umfüllen. Rosinen und Salz in den Mixbecher geben und mit 50 ml Wasser gut mixen. Mahlgut hinzufügen, mit Wasser auffüllen und noch einmal sehr gut durchmixen.

Rotkohlendivie in Sahnesoße

- 50 g Rotkohl
- 50 g Endiviensalat
- 1 Esslöffel Standardsalatsoße
- 1 Esslöffel Sahne
- 1 Esslöffel Wasser

Endiviensalat gut waschen und trocken schleudern (evtl. in einem Geschirrtuch). Salat und Rotkohl kleinschneiden. Die Flüssigkeiten mit einer Gabel verquirlen und mit den festen Zutaten vermischen.

Kichererbsensuppe (reicht gut für 2 Personen)

Vorbereitung: 24 Stunden Erbsen einweichen;
Zubereitungszeit: 45 Minuten

- 100 g Kichererbsen
- 250 ml Wasser

- 750 ml Wasser
- 2 Knoblauchzehen
- 55 g Zwiebel (brutto)
- 145 g Möhre
- 140 g Sellerie (brutto)
- 175 g Kartoffel
- 130 g Petersilienwurzel

- 1 Teelöffel Salz
- frisch gemahlener Pfeffer
- 1 kleine Kartoffel (40 g)

Kichererbsen 24 Stunden in Wasser einweichen.

Kichererbsen mit Einweichwasser und weiteren 750 ml Wasser zum Kochen bringen und 10 Minuten köcheln lassen.

In dieser Zeit die Kartoffeln unter fließendem Wasser gut abbürsten. Knoblauchzehen, Zwiebel und Sellerie schälen und alles kleinschneiden. Zu den Erbsen geben, erneut zum Kochen bringen und auf kleiner Stufe 20 Minuten köcheln lassen.

Die kleine Kartoffel in Stücke schneiden, mit etwas von dem Kochwasser im Mixer pürieren und unter die Suppe rühren. Kurz aufkochen. Mit Salz und Pfeffer abschmecken.

Äpfel im Hirsepyjama

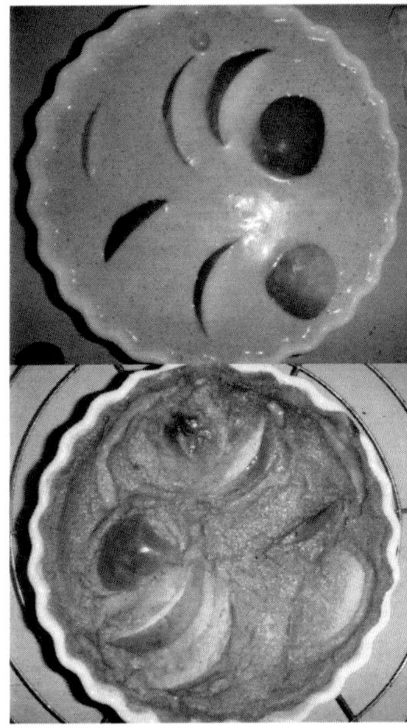

- 2 Äpfel (200 g)
- 1 Teelöffel Sonnenblumenöl
- 20 g Hirse
- 10 g Kokosraspeln
- 10 g Sonnenblumenkerne
- 15 g Rosinen
- 150 ml Wasser
- einige wenige Salzkristalle

Äpfel in Spalten schneiden. Zwei kleine Quicheformen (Durchmesser 8 cm) mit Öl einpinseln, die Äpfel in die Formen legen.

Hirse, Kokosraspeln, Salz und Sonnenblumenkerne in einem kleinen Mixer fein mahlen. Umfüllen. Rosinen mit 40 ml Wasser klein schlagen, dann die restlichen 110 ml Wasser und das Mahlgut hinzugeben und sehr gut mixen.

Über die Äpfel gießen. In den kalten Backofen schieben und bei 175 °C (Umluft) 30-35 Minuten backen, bis die Oberfläche goldbraun ist.

Tipp:

Wer keine kleinen Quicheformen hat, füllt damit eine kleine oder normale Springform. Bei einer normalen Springform eventuell kürzer backen, nach 25 Minuten das erste Mal kontrollieren.

Schmeckt auch mit anderem Obst wie z.B. Birnen oder Bananen lecker!

Aniszitrone (Drink)

- 50 g Zitronenschaum
- 20 g Honig (1 gehäufter Teelöffel), 1 gute Prise Anis
- ca. 300 ml kochendes Wasser

In den Becher mit dem Zitronenschaum Honig und Anis geben. Mit Wasser auffüllen und durchrühren.

Tag 21

Zimthauchfrühstück

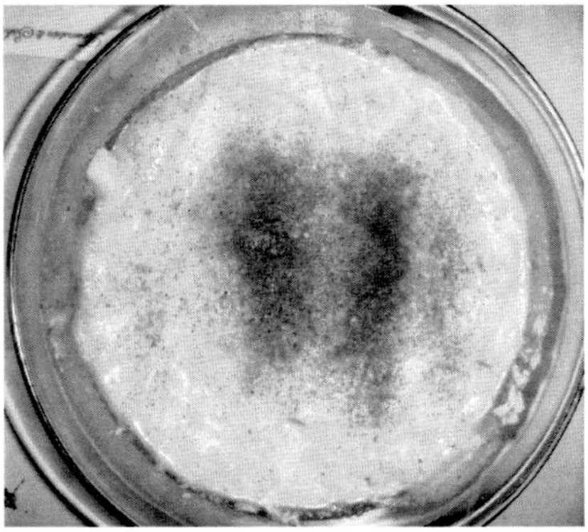

- 50 g Weizen
- 10 g Kokosraspeln
- 100 ml Wasser
- 1 Esslöffel Zitronenschaum
- 1 Esslöffel Sahne
- 1 Banane (140 g brutto)
- 2 Äpfel (185 g)
- 1 gute Prise Zimt

Vorabend:

50 g Weizen grob schroten (in einer Getreidemühle oder einem kleinen Mixer), mit Wasser und Kokosraspeln verrühren und über Nacht abgedeckt stehen lassen (nicht im Kühlschrank).

Morgens:

Zitronenschaum unter den Schrot rühren. Sahne mit der Banane und 1 Apfel grob zerkleinert in einem kleinen Mixer pürieren. Zweiten Apfel klein schneiden und mit dem Obstpüree unter das Getreide rühren. Zimt auf die Oberfläche sieben.

Neuen Zitronenschaum mit 3 Esslöffel Wasser ansetzen (siehe Seite 30).

Zimtrosine (Drink)

- 10 g Mandeln
- 10 g Nackthafer
- 10 g Rosinen
- 1/4 Teelöffel Zimt
- 400-450 ml kochendes Wasser

Mandeln und Hafer in einem kleinen Mixer im großen Becher fein mahlen. In eine Schüssel umfüllen, mit dem Zimt mischen. Rosinen in den Becher geben, etwa 50 ml Wasser hinzufügen und gut vermixen. Mahlgut hinzugeben, mit Wasser auffüllen und gut mixen.

Doppelkohl (Hauptmahlzeit)

- 40 g Spitzkohl
- 60 g Wirsing
- 80 g Endiviensalat
- 60 g Möhre
- 4 Esslöffel Standardsalatsoße
- 2 Esslöffel Wasser

Kohl und Wirsing sehr fein kleinschneiden. Endiviensalat waschen, abtropfen lassen und in Streifen, Möhre in Scheiben schneiden. In eine Schüssel geben (evtl. gut abdecken und bis mittags in den Kühlschrank stellen), dann Soße und Wasser gründlich unterziehen.

Nach dem Salat gab es für einen Gast und mich je eine gute Portion Suppe von gestern und jeweils noch einen halben Apfel im Pyjama.

Geweizter Carob (Drink)

- 15 g Weizen
- 10 g Leinsamen
- 1 Teelöffel Carob
- 400-450 ml kochendes Wasser

Weizen und Leinsamen in einem kleinen Mixer im großen Becher fein mahlen. Etwas heißes Wasser hinzufügen. Mit dem Löffel umrühren und darauf achten, dass nichts an der Becherwand hängen bleibt. Im Mixer gut durchmixen, dann mit Wasser auffüllen und noch einmal sehr gut durchmixen.

Möhrenapfelrohkost

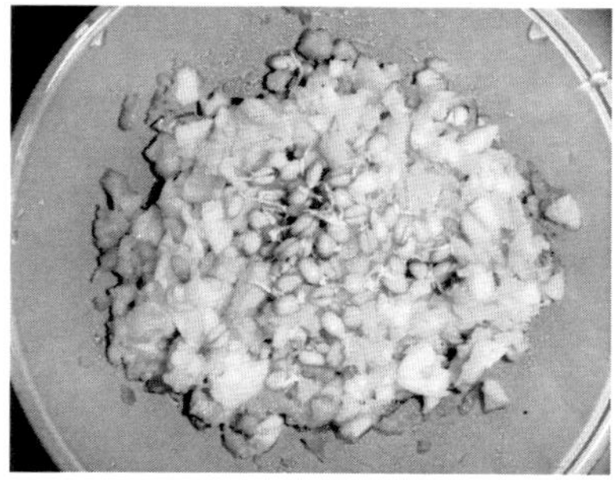

- 65 g Möhre
- 1/2 Apfel (40 g)
- 1 Teelöffel Weizensprossen
- 2 Esslöffel Standardsalatsoße

Möhre und Apfel raffeln (mit der Handraffel oder im Zerkleinerer). Mit der Salatsoße vermischen, die Sprossen obendrauf legen.

Weizennudeln vor dem Kochen (links)
Nudeln mit Kohlrabi, Rezept siehe nächste Seite (unten)

Weizennudeln mit Kohlrabi „Alio e Olio“

Zubereitungszeit: 30 Minuten (Fotos siehe vorige Seite)

Nudeln:

- 75 g Weizen
- 2 Teelöffel Öl
- 1/2 Teelöffel Salz
- 40 g Wasser
- etwas Mehl zum Ausrollen
- 1 Liter Wasser + 1 Teelöffel Salz

Gemüse:

- 2 Esslöffel Sonnenblumenöl
- 3 Esslöffel Wasser
- Grün von 2 Kohlrabi (54 g)
- 1 kleine Kohlrabi (180 g)
- 1 Knoblauchzehe
- 1 gestr. Teelöffel Salz
- 1 Esslöffel Sonnenblumenöl

Nudeln:

Weizen fein mahlen. Mit Öl, Salz und Wasser zu einem festen, elastischen Teig kneten. Zu einer Kugel formen und abgedeckt ruhen lassen, bis das Gemüse auf dem Ofen steht. Auf etwas Mehl sehr dünn ausrollen. Mit einem Messer in Streifen beliebiger Breite und Länge schneiden. Liegen lassen, bis das Gemüse noch ca. 10 Minuten zu kochen hat.

Dann Wasser zum Kochen bringen (schnell und energiesparend: Erst in einem Heißwassergerät Wasser kochen, in einen Topf umfüllen und mit einem Teelöffel Salz auf dem Ofen erneut zum Kochen bringen). Nudeln in das sprudelnde Salzwasser geben, aufpassen, dass sie nicht verkleben. Etwa 8 Minuten kochen lassen. In einem Sieb ausschütteln, kurz kalt übersprühen („abschrecken“). Eventuell zum Warmhalten in den noch warmen Topf zurückgeben.

Gemüse:

2 Esslöffel Öl und 3 Esslöffel Wasser in einer kleinen Pfanne gut verquirlen. Das Kohlrabigrün und die Kohlrabi gut waschen. Kohlrabigrün klein schneiden. Harte und grobe Stellen von der Kohlrabi abschneiden, aber nicht schälen. In dünne Streifen schneiden und in die Pfanne geben. Knoblauch schälen und durch eine Knoblauchpresse auf die Kohlrabi drücken. Mit dem Grün bedecken und den Deckel auflegen.

Bei höchster Einstellung zum Kochen bringen, bis Dampf unter dem Deckel entweicht. Auf kleinste Einstellung stellen und 18 Minuten dünsten. In der letzten Minute salzen und noch einen Esslöffel Öl untermischen.

Jeweils die Hälfte der Nudeln und des Gemüses auf einen Teller geben. Den Rest Nudeln mit in die Pfanne geben, um die ganze Soße möglichst für den zweiten Teller zu „erfassen“

Woche 4

Übertrag aus Woche 3: 19,59 Euro

3 Bio-Bananen (Bioladen)	1,16 Euro
2 kg Äpfel (Gemüsegärtner)	2,50 Euro
2 Kohlrabi (Gemüsegärtner)	1,00 Euro
1 Endiviensalat (Gemüsegärtner)	1,50 Euro
3 Zitronen (Gemüsegärtner)	1,00 Euro
1 kg Möhren (Bioladen)	1,98 Euro
1 Würfel Bio-Hefe (42 g) (Bioladen)	0,59 Euro
2 Kiwi Sonderangebot (Bioladen)	0,44 Euro
SUMME	10,17 Euro
Rest (19,59 – 10,17)	**9,42 Euro**

Unter normalen Umständen würde ich natürlich jetzt nicht Dinge wie ein Kilogramm Roggen kaufen - sondern 5 kg mit Blick auf den nächsten Monat, denn dann spare ich 1,50 Euro. So habe ich mir einfach noch mal einigen „Luxus" geleistet, denn ich im „Normalfall" doch noch etwas verteilt hätte. Zum Beispiel hätte ich statt Pampelmuse, Apfelsine und einem Rest von 1,55 Euro (= 2,65 Euro) lieber wieder ein Kilogramm Äpfel für 2,50 Euro gekauft: Da komme ich einfach weiter mit. Andererseits ist es ja auch schön zu sehen, dass da durchaus Spielraum für ein paar „üppige" Dinge ist.

1 kg Roggen	1,49 Euro
500 ml Sahne	2,29 Euro
250 g Butter (Sonderangebot Bioladen)	1,49 Euro
1 Blumenkohl	1,50 Euro
1 Pampelmuse	0,80 Euro
1 Apfelsine, klein	0,30 Euro
Summe	7,87 Euro

Rest: 9,42 - 7,87 = 1,55 Euro

Tag 22

Weizendoppel (FKG)

- 30 g Weizen
- 50 ml Wasser
- 1 Esslöffel Zitronenschaum
- 1 kleine Apfelsine (140 g brutto)
- 2,5 kleine Äpfel (210 g)
- 20 g Weizensprossen (Rest)

1 Scheibe Leinsamenbrot

Vorabend:

Weizen grob schroten, mit dem Wasser verrühren und über Nacht einweichen (nicht im Kühlschrank).

Morgens:

Zwei Äpfel mit dem Zitronenschaum und der halben geschälten Apfelsine in einem kleinen Mixer pürieren. Das restliche Obst kleinschneiden und mit dem Püree unter das Getreide rühren. Die Sprossen, noch einmal frisch durchgespült, oben auf dem Müsli verteilen.

Danach gab es noch eine Scheibe Brot.

KC-Creme (Drink)

- 20 g Kokosraspeln
- 1 Teelöffel Carob
- 1 Esslöffel Sahne (10 g)
- 400-450 ml kochend heißes Wasser

Kokosraspeln in einem kleinen Mixer sehr fein mahlen. Carob, Sahne und einen Teil des Wassers hinzugeben und gut durchmixen. Mit Wasser auffüllen und nochmals sehr gut mixen.

Kohlrabi mit Sprossenkrone (Hauptmahlzeit)

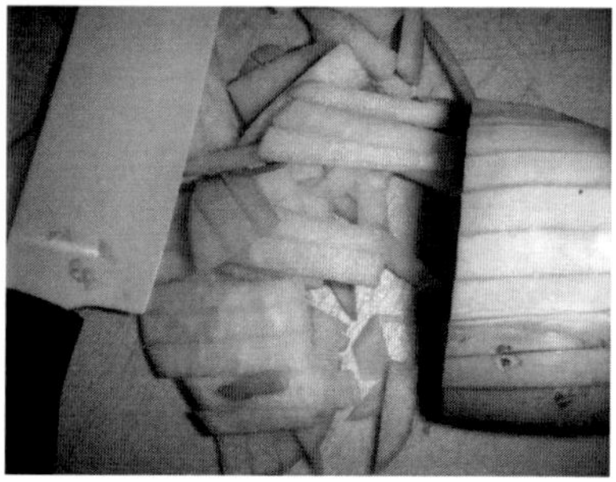

- 115 g Kohlrabi
- 1 Möhre (70 g)
- 110 g Endiviensalat
- 4 Esslöffel Standardsalatsoße
- 2 Esslöffel Wasser

Gemüse waschen und ungeschält klein schneiden. Gut abgedeckt bis mittags im Kühlschrank aufbewahren. Salatsoße und Wasser hinzugeben, gut unterrühren.

Nach dem Salat eine Scheibe Leinsamenbrot mit Wirsingaufstrich und zum Nachtisch eine Scheibe Stuten reichen.

Sonnenzitronendrink

- 10 g Sonnenblumenkerne
- 10 g Leinsamen
- etwas abgeriebene Zitronenschale
- 400-450 ml kochend heißes Wasser

Sonnenblumenkerne und Leinsamen in einem kleinen Mixer sehr fein mahlen und umfüllen. Zitronenschale untermischen. Etwas Wasser in den Mixbecher geben, Mahlgut hinzugeben. Mixen. Mit Wasser auffüllen und nochmals sehr gut mixen.

Kohlrabimöhrensalat

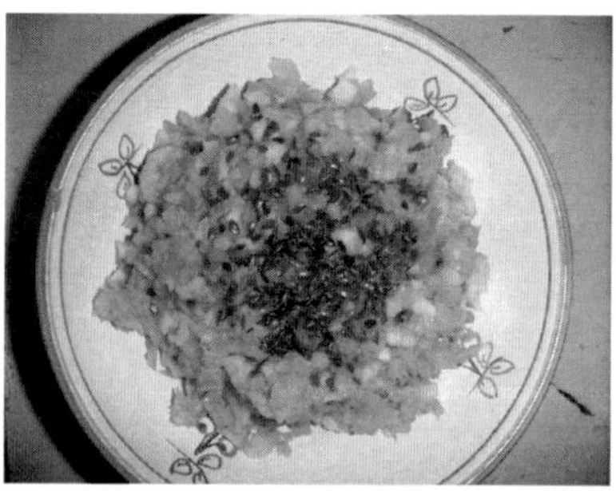

- 40 g Kohlrabi (ungeschält)
- 60 g Möhre
- 1/2 Teelöffel Leinsamen
- 2 Teelöffel Öl

Möhre und Kohlrabi raffeln (Zerkleinerer oder mit der Handraffel). In eine kleine Schüssel geben, Leinsamen in die Mitte streuen und Öl darüber träufeln.

Hinweis: Für diesen Salat wäre ein richtiges Dressing schade, weil es die zarte Geschmackskomposition unterdrücken würde.

Zitronenschmorwirsing mit Kartoffelpüree

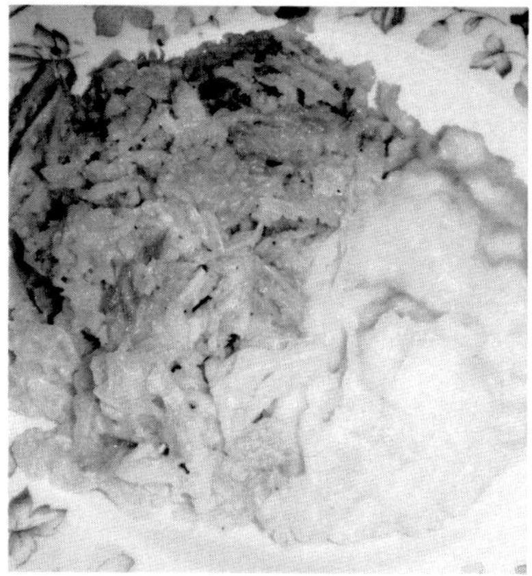

Zubereitungszeit: ca. 30 Minuten

Kartoffelpüree:
- 250 g Kartoffeln
- 100 g Wasser
- 3 Esslöffel Sahne (30 g)
- 1/2 Teelöffel Salz

Gemüse:
- 50-75 ml Wasser
- 200 g Wirsing
- 1/2 Teelöffel Salz
- frisch gemahlener Pfeffer
- frisch abgeriebene Schale von knapp 1/2 Zitrone
- evtl. 50-100 ml Wasser

Kartoffelpüree:
Kartoffeln unter fließendem Wasser gründlich abbürsten. In dickere Scheiben schneiden (6-7 mm) und mit 100 g Wasser in einen Topf geben. Deckel auflegen. Bei höchster Einstellung zum Kochen bringen (hier mit dem Wirsing anfangen), bis Dampf unter dem Deckel entweicht. Auf kleinste Einstellung stellen und 18 Minuten dünsten. Restliches Kochwasser abgießen und auffangen. Kartoffelstücke mit einer Gabel zerdrücken. Sahne und nach und nach das Kochwasser hinzufügen, dabei mit einem Schneebesen schlagen, bis eine schöne Konsistenz erreicht ist.

Wirsing:
Wirsing in feine Streifen schneiden. Mit dem Wasser in eine kleine Pfanne geben. Deckel auflegen. Bei höchster Einstellung zum Kochen bringen, bis Dampf unter dem Deckel entweicht. Auf kleinste Einstellung stellen und dünsten, bis das Püree fast fertig ist. Am Ende der Kochzeit ist der Wirsing ganz leicht angesetzt, hellbraun. Wer das Geschmorte nicht mag, muss am Anfang 100 ml Wasser nehmen. Zitronenschale und Wasser nach Bedarf unterrühren. Jeweils die Hälfte von Püree und Wirsing auf einen Teller geben.

Tipp:
Dieser Kartoffelpüree hat kleine Klümpchen. Wer das nicht mag, muss mit mehr Geduld schlagen, einen Kartoffelstampfer oder eine Maschine benutzen. Nicht jeder mag auch die Kartoffelschale im Püree. Sie lässt sich nach dem Kochen ja leicht abziehen.

Dunkles Haferle (Drink)

- 20 g Nackthafer
- 1 Teelöffel Carob
- 1 Teelöffel Honig (10 g)
- ca. 500 ml kochendes Wasser

Hafer in einem kleinen Mixer fein mahlen. In eine kleine Schüssel umfüllen und mit Carob mischen. Becher halb mit heißem Wasser füllen, Honig und Mahlgut hinzugeben und gut mixen. Mit Wasser auffüllen und nochmals gut durchmixen.

Roggensprossen

- 40 g Roggen

Roggen abends in eine kleine Schüssel füllen, mit Wasser übergießen. Über Nacht stehen lassen. Morgens den Roggen abtropfen lassen, in einem Sieb abspülen. Wieder in die Schüssel geben und bis abends stehen lassen. Dann wieder im Sieb durchspülen. So jeweils morgens und abends fortfahren. Wahlweise kann man, wie hier abgebildet, auch ein Keimglas nehmen.

Tag 23

Kiwifalter (FKG)

- 50 g Roggen
- 75 ml Wasser

- 1 Esslöffel Zitronenschaum
- 2 kleine Äpfel (165 g)
- 1 Esslöffel Sahne
- 1 Kiwi (78 g brutto)
- 5 Mandeln

Vorabend:

Roggen grob schroten und im Wasser über Nacht einweichen (nicht in den Kühlschrank stellen).

Morgens:

Die Äpfel mit dem Zitronenschaum pürieren (z.B. in einem kleinen Mixer, dann vorher grob zerkleinern). Mit der Sahne unter den Schrot rühren. Kiwi schälen und in Scheiben schneiden, zwei Scheiben für die Dekoration zur Seite legen, den Rest würfeln und untermischen. Die Kiwischeiben oben überlappend auf das Müsli legen und die Mandeln an den Rand legen.

Eventuell danach eine Scheibe Brot reichen.

Roggenfit (Drink)

- 5 g Mandeln
- 10 g Roggen
- 10 g Nackthafer
- 1 Esslöffel Sahne
- 400-450 ml kochend heißes Wasser

Mandeln und Getreide in einem kleinen Mixer sehr fein mahlen. Umfüllen. Sahne und einen kleinen Teil des Wassers in den Becher geben. Mahlgut hinzugeben. Gut durchmixen, mit Wasser auffüllen und nochmals sehr gut mixen.

Salat mit Sahnesoße (Hauptmahlzeit)

- 120 g Endiviensalat
- 135 g Möhre
- 40 g Rotkohl
- 2 Esslöffel Sahne
- 2 Esslöffel Standardsalatsoße
- 2 Esslöffel Wasser

Endivie waschen und abtropfen lassen, trockenschleudern (z.B. in einem Geschirrtuch). Möhre und Rotkohl fein raffeln (Handraffel oder Zerkleinerer). In eine Schüssel geben, Endiviensalat klein schneiden und darüber geben. Wer den Salat schon morgens vorbereitet, stellt ihn gut abgedeckt bis mittags in den Kühlschrank. Sahne, Salatsoße und Wasser darüber gießen und gut vermischen. Danach Brot und ein Stück Stuten.

Roleini (Drink)

- 10 g Roggen, 10 g Leinsamen
- 1 Teelöffel Zitronenschaum
- 400-450 ml kochend heißes Wasser

Roggen und Leinsamen in einem kleinen Mixer sehr fein mahlen. Zitronenschaum hinzugeben und etwas heißes Wasser darüber gießen. Gut mixen. Mit Wasser auffüllen und nochmals mixen.

Anisierter Kohlrabisalat

Feste Zutaten:
- 55 g Kohlrabi (ungeschält)
- 45 g Endiviensalat

Dressing:
- 1 Esslöffel Standardsalatsoße
- 1 Prise Sternanis / Anis (oder Zimt / Gewürznelke)
- 1 Esslöffel Wasser

Dressingzutaten mit einer Gabel gut verschlagen. Kohlrabi ungeschält kleinschneiden, Endiviensalat waschen, trockenschleudern (z.B. in einem Geschirrtuch) und in feine Streifen schneiden. Mit dem Dressing verrühren.

RoRöggelchen

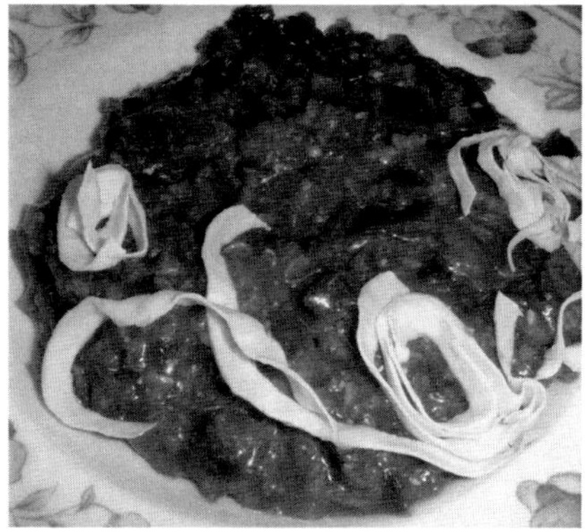

(Zubereitungszeit ca. 30 Min)

- 75 g Roggen
- 325 ml Wasser
- 1 Zwiebel (55 g brutto)
- 1 Knoblauchzehe
- 200 g Rotkohl
- 1 Teelöffel Salz
- etwas gemahlener Pfeffer
- 1 Esslöffel Öl
- 1/2 Teelöffel Honig

Roggen grob schroten. In einem Topf mit dem Wasser verrühren. Zwiebel und Knoblauch schälen, klein schneiden und hinzugeben. Rotkohl in dünne Streifen schneiden, ebenfalls hinzugeben. Zum Kochen bringen, umrühren. Insgesamt 20 Minuten bei kleiner Hitze köcheln, immer wieder umrühren und aufpassen, dass der Roggen nicht anbrennt. Eventuell noch etwas Wasser hinzufügen.

Von einem Spitzkohl oder einem anderen grünen Gemüse dünne Streifchen als Dekoration abschneiden.

Tipp:

Wer einen Flocker besitzt, kann den Roggen auch flocken.
Dieses Gericht schmeckt mit allen Gemüsearten, vor allem auch Kohl, Wirsing usw.
Die Wassermenge richtet sich auch danach, wie dicht der Topf schließt. Lieber mit 275 ml beginnen.

Rokokotrunk

- 20 g Roggen
- 10 g Kokosraspeln
- 10 g Sahne
- ca. 500 ml kochendes Wasser

Roggen und Kokosraspeln fein mahlen, umfüllen. Sahne und einen Teil des Wassers mit den anderen Zutaten in einen Mischbecher geben. Gut durchmixen, Mahlgut hinzufügen. Mit Wasser auffüllen und gut durchmixen.

---

40 g Weizen zum Keimen ansetzen (siehe Seite 35).

Tag 24

Pampeliges FKG

- 25 g Weizen
- 25 g Roggen
- 70 ml Wasser
- 1/2 Pampelmuse (78 g netto)
- 2 Äpfel (190 g)
- 1/2 Esslöffel Zitronenschaum
- 10 g Leinsamen

Vorabend:

Weizen und Roggen grob schroten (in einer Getreidemühle oder einem kleinen Mixer). Mit Wasser verrühren und über Nacht abgedeckt stehen lassen (nicht im Kühlschrank).

Morgens:

Pampelmuse schälen und halbieren. Eine Hälfte für den nächsten Tag verwahren. Die zweite Hälfte in dünne Scheiben schneiden, 3 als Dekoration zur Seite legen. Einen Apfel mit dem Rest der halben Pampelmuse und dem Zitronenschaum in einem kleinen Mixer pürieren und unter den Schrot rühren. Leinsamen schroten (kurz im kleinen Mixer hacken) und ebenfalls unterziehen. Die Pampelmusenscheiben überlappend in die Mitte legen.

Zitrokokosdrink

- 10 g Nackthafer
- 10 g Kokosraspeln
- abgeriebene Schale von 1/2 Zitrone
- 20 g Sahne
- 450-500 ml kochendes Wasser

Hafer und Kokosraspeln in einem kleinen Mixer fein mahlen, mit der Zitronenschale mischen und in eine kleine Schüssel umfüllen. Sahne und etwas Wasser in den Mischbecher geben, Mahlgut hinzufügen und gut vermischen. Mit Wasser auffüllen und sehr gut durchmixen.

Roggenkräuterknäcke

- 250 g Roggen
- 50 g Nackthafer
- 1 Teelöffel Salz
- 1-2 Teelöffel getrockneter Oregano
- abgeriebene Schale von 1/4 Orange
- 125-150 g Wasser
- 50 ml Öl

Ergibt ein Backblech.

Roggen und Hafer mischen, fein mahlen. Salz und Oregano unterrühren, dabei den Oregano zwischen den Handflächen zerreiben, damit er sein Aroma entfalten kann. Die übrigen Zutaten hinzugeben und zu einem festen, elastischen Teig verkneten (mit 125 ml Wasser anfangen). Mit einer Plastiktüte abdecken und 30-60 Minuten ruhen lassen.

Ofen auf 200 °C (Umluft) stellen. Den Teig auf einer Dauerbackfolie in Größe eines Backblechs ausrollen. Mit einer Gabel oder einem entsprechenden Gerät einstechen und mit einem Messer Stücke vorschneiden.

In den Ofen schieben und insgesamt 25 Minuten backen (nach 20 Minuten schon einmal eventuell fertige = braune Randstücke entfernen).

Aus dem Ofen nehmen und auf einem Gitterrost erkalten lassen. Sobald es nicht mehr ganz heiß ist, entlang der Perforation in Stücke brechen. Kalt in eine gut schließende Metalldose geben.

Tipp:

Wer keine Dauerbackfolie hat oder verwenden will, heizt das Blech im Ofen einige Minuten an und verteilt dann mit einem Pinsel ein Stückchen Butter auf dem Blech.

Wer kein Oregano hat, nimmt ein anderes getrocknetes Kraut oder Gewürz. Curry, Muskatnuss oder Paprika eignen sich hervorragend. Und wer von all dem gar nichts hat — es schmeckt zum Glück auch pur :-)

Apfelkokosschnitten

Teig:

- 1/2 Würfel Bio-Hefe (20 g)
- 100 g Wasser
- 300 g Weizen
- 50 g Hirse
- 1/2 gestr. Teelöffel Salz
- 30 g Carob
- abger. Schale von 1 Orange
- 70 g Honig
- 125 g Wasser
- 50 g Sahne

Apfelkokosbelag:

- 100 g Kokosraspeln
- 50 g Nackthafer
- 1 Prise Salz
- 375 g Äpfel
- 100 g Honig
- 100-125 g Wasser

Hefe in 100 ml Wasser auflösen. Weizen mit Hirse fein mahlen. Hefewasser mit einem Teil des Weizens verrühren, bis sich ein Mehlbrei ergibt. Abdecken und 20 Minuten gehen lassen.

Die restlichen Teigzutaten hinzufügen (Carob sieben) und gründlich zu einem feuchten Teig verkneten. Zu einer Kugel formen, die Teigschüssel in eine Plastiktüte stecken und mit einem Tuch abdecken. 30 Minuten gehen lassen. Dann mit dem Belag beginnen.

Hafer fein mahlen. Äpfel raffeln (mit einer Raffel oder im Zerkleinerer). Beides mischen, Salz, Kokosraspeln und Honig hinzugeben und vermengen. Dann soviel Wasser hinzufügen, dass sich eine gerade streichfähige Masse ergibt.

Teig nochmals gut durchkneten und mit den nassen Händen auf einer Dauerbackfolie in Größe eines Backblechs verstreichen. Auf ein Backblech ziehen. Den Belag auf dem Teig verteilen und das Blech in eine Plastiktüte geschoben 30 Minuten gehen lassen. In den heißen Ofen (vom Knäckebrot) schieben oder auf 175 °C (Umluft) vorheizen, auf dem Boden steht eine feuerfeste Form mit Wasser.

30 Minuten backen. Dann den Ofen ausstellen und noch 5 Minuten nachbacken lassen. Aus dem Ofen nehmen, auf ein Kuchengitter stellen. Kalt in Stücke schneiden.

Rot-Weiß-Orange-Salat (Hauptmahlzeit)

- 100 g Rotkohl
- 100 g Weißkohl
- 1 kleine Apfelsine (80 g netto)
- 1 Teelöffel Zitronenschaum
- 1 Teelöffel Honig
- 3 Esslöffel Wasser
- 2 Esslöffel Standardsalatsoße
- 1 Prise Salz

Rotkohl und Weißkohl fein raffeln (mit einer Raffel oder im Zerkleinerer). Beides mischen. Zitronenschaum, Honig, Wasser, Salatsoße und Salz mit einer Gabel gut verquirlen und unter den Kohl mischen. Orange in kleine Stückchen schneiden und oben auflegen.

Gut abgedeckt einige Stunden im Kühlschrank durchziehen lassen.

Mit einer Scheibe Brot zu Mittag essen.

Salat in Kokosdressing

- 10 g Kokosraspeln
- 1 Teelöffel Zitronenschaum
- 2 Esslöffel Wasser
- 1 Esslöffel Standardsalatsoße
- 45 g Möhre
- 45 g Endivie
- 10 g Roggensprossen

Kokosraspeln in einem kleinen Mixer fein mahlen. Zitronenschaum, Wasser und Salatsoße hinzugeben, gut durchmixen und in eine Schüssel geben. Möhren in dünne Scheiben schneiden. Endiviensalat waschen, trocken schleudern (z.B. in einem Geschirrtuch) und in Streifen rupfen. Alles miteinander vermischen und mit Roggensprossen bestreuen.

Gemüsepfanne für den Abend

Gemüse

- 50 g Nackthafer
- 200 g Wasser
- 50 g Möhre
- 50 g Spitzkohl
- 60 g Rotkohl
- 55 g Wirsing
- 55 g Weißkohl

Soße

- 10 g Sonnenblumenkerne
- 1 gestr. Teelöffel Salz
- 50 ml Wasser
- 1 Teelöffel Zitronenschaum

Hafer und Wasser in einer Pfanne verrühren. Die einzelnen Gemüse in feine Stückchen schneiden und jedes für sich nebeneinander in die Pfanne setzen. (Ein Essen, das sich sehr gut morgens schon für den Abend vorbereiten lässt.)

Deckel auf die Pfanne setzen, auf höchster Einstellung zum Kochen bringen, bis Dampf unter dem Deckel entweicht. Auf kleinster Einstellung dann 17 Minuten dünsten. In den letzten beiden Minuten den Deckel entfernen und bei höchster Einstellung die Restflüssigkeit verdampfen lassen.

Sonnenblumenkerne fein mahlen (in einem keinen Mixer), dann mit Salz, Zitronenschaum und Wasser gut verquirlen und zu dem Gemüse reichen. Gemüse in der Pfanne servieren.

Carobroggen (Drink)

- 20 g Roggen
- 10 g Mandeln
- 1 gehäufter Teelöffel Carob
- 10 g Honig
- 450-500 ml kochendes Wasser

Roggen und Mandeln in einem kleinen Mixer fein mahlen, mit Carob mischen und in eine kleine Schüssel umfüllen. Etwas Wasser und Honig in den Mischbecher geben, Mahlgut hinzufügen und gut vermischen. Mit Wasser auffüllen und sehr gut durchmixen.

Tag 25

Roggesprosstes FKG

- 50 g Roggensprossen
- 2 Äpfel (195 g)
- 2 Teelöffel Zitronenschaum
- 1/2 Pampelmuse (120 g netto)
- 6 g Sonnenblumenkerne

Ein Pampelmusenviertel mit einem Apfel und dem Zitronenschaum pürieren (z.B. in einem kleinen Mixer). Restobst würfeln und mit dem Obstpüree unter die Sprossen mischen.

Oberfläche glattstreichen und mit Sonnenblumenkernen bestreuen.

Bounty-Drink

- 20 g Kokosraspeln
- 2 Teelöffel Carob (8 g)
- 2 getrocknete Datteln, entsteint (16 g)
- 3 Esslöffel Sahne (30 g)
- 400-450 ml kochendes Wasser

Kokosraspeln in einem kleinen Mixer im großen Becher fein mahlen, in eine kleine Schüssel umfüllen und mit dem Carob verrühren. Datteln mit der Sahne und 50 ml heißem Wasser pürieren. Mahlgut zu dem Mixbecher geben, mit Wasser auffüllen und sehr gut durchmixen.

Zwiebelhauch-Brötchenschau

- 1/2 Würfel Bio-Hefe
- 100 g Wasser
- 400 g Weizen
- 100 g Roggen
- 50 g Hirse
- 50 g Wasser
- 2 Zwiebeln (netto 150 g)
- 50 g Wasser
- 2 Teelöffel Salz
- 2 Esslöffel Öl
- 50 g Wasser

- 15 g Butter
- 1 Esslöffel Leinsamen
- 1 Esslöffel Sonnenblumenkerne

Teig:

Hefe in 100 g Wasser verrühren.

Getreide mischen und fein mahlen. In die Mitte ein Kuhle drücken, Hefewasser hineingießen und mit etwas Mehl zu einem Brei verrühren. Schüssel mit einem Tuch abdecken und 20 Minuten gehen lassen.

50 g Wasser hinzugeben, mit Mehl und Hefevorteig verrühren, sodass der Mehlrand außen noch schmaler wird. Abdecken und nochmals 20 Minuten gehen lassen.

In dieser Zeit Zwiebeln schälen, in Stücke schneiden und mit dem Wasser in einer Pfanne garen: Deckel auflegen, auf höchster Einstellung zum Kochen bringen, auf kleinste Einstellung drehen und 10 Minuten dünsten. Etwas abkühlen lassen und pürieren (z.B. in einem kleinen Mixer).

Salz, Öl und Zwiebelmasse zu dem Getreide geben. 50 g Wasser in den Mixbecher der Zwiebeln geben, gut schwenken und zum Getreide geben. Gründlich kneten. Dann eine Kugel unter Spannung formen, d.h. die Ecken des Teigs nach innen schlagen und in der Mitte festdrücken. Dann den Teig umdrehen und mit den Händen drehen, sodass sich eine Kugel ergibt.

Schüssel in eine Plastikschüssel stecken und eine Stunde gehen lassen.

Dann den Teig nochmals gut durchkneten, eine Kugel unter Spannung formen und wiegen. Den Teig in vier gleiche Teile (wiegen!) teilen. Jedes Stück kurz durchkneten und zu einer Kugel unter Spannung formen. Mit einer Dauerbackfolie oder ähnlichem abdecken. Das erste geformte Stück nehmen. Wenn im Folgenden Teig geteilt wird, die restlichen Stücke immer kurz durchkneten zu einer kleinen Kugel unter Spannung formen!

1. Kleine Hörnchen

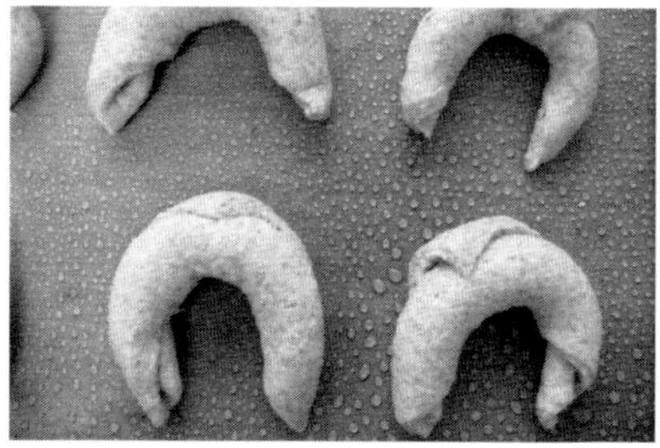

Teigstück wiegen und in drei gleiche Teile portionieren. Mit jeder Portion wie folgt verfahren: Einen dünnen Kreis ausrollen (wenn nötig, mit Hilfe von etwas Mehl) und mit einem Messer in vier „Kuchenstücke" teilen. Jedes Dreieck von der Längsseite her zur Mitte rollen und dann zu einem Hörnchen formen. Nebeneinander auf ein mit Dauerbackfolie ausgelegtes oder Butter eingefettetes Backblech legen.

2. Zöpfchen

Teigstück wiegen und in drei gleiche Teile portionieren. Jede Portion zu einer Stange rollen. Dabei immer nur ein wenig in die Länge formen, dann die nächste Portion vornehmen usw. Dann hat der Teig Zeit zu „entspannen" und das nächste Dehnen wird einfacher. Aus der Teigrolle (a) ein U formen, die beiden Teigstränge miteinander verdrehen. Das Unterteil nach unten klappen oder (b) dreiteilen, drei dünne Stränge formen und miteinander zu einem Zopf verflechten. Obere und untere Enden nach hinten klappen und festdrücken.

3. Leinsamenbrötchen

Teigstück wiegen und in drei gleiche Teile portionieren. Eine kleine Schüssel mit Wasser und eine mit etwas Leinsamen bereitstellen. Mit jeder Portion wie folgt verfahren: Kurz durchkneten, zu einer Kugel unter Spannung formen. Diese mit der Hand auf dem Tisch drehen oder zwischen den leichte gewölbten Handflächen zu einem Brötchen drehen, sodass beide Seiten möglichst weit geschlossen sind. Mit einer Seite in das Wasser tauchen (nicht zu tief) und dann, ohne das Brötchen umzudrehen, in die Leinsamen drücken. Mit den Leinsamen nach oben nebeneinander auf ein Backblech legen.

4. Pseudocroissants

Teigstück wiegen und in drei gleiche Teile portionieren. Eine kleine Schüssel mit Wasser und eine mit etwas Sonnenblumenkernen bereitstellen. Mit jeder Portion wie folgt verfahren: Mit der Hand zu einem flachen Dreieck zusammendrücken, mit der Teigrolle etwas vergrößern. Mit etwas Butter bestreichen, von der Längsseite aufrollen und zu einem Hörnchen formen. Mit einer Seite in das Wasser tauchen (nicht zu tief) und dann, ohne das Hörnchen umzudrehen, in die Sonnenblumenkerne drücken. Mit den Sonnenblumenkernen nach oben nebeneinander auf ein Backblech legen. Mit Wasser einsprühen.

Insgesamt ergibt das zwei Backbleche. Jedes Backblech in eine große Plastiktüte geben und 15 Minuten gehen lassen, während der Ofen auf 200 °C (Umluft) vorheizt. Auf dem Boden steht eine feuerfeste Form mit Wasser

16 Minuten bei 200 °C backen. Als erstes die kleinen Hörnchen herausnehmen. Bei den anderen Brötchen mit dem Fingerknöchel gegen die Unterseite klopfen: Wenn sie hohl klingen sind sie ebenfalls gar. Sonst den Ofen auf 175 °C drehen und noch 3-4 Minuten backen.

Auf ein Kuchengitter geben, mit Wasser einsprühen und abkühlen lassen.

Da die kleinen Hörnchen so lecker waren, habe ich drei noch warm mit etwas (10 g) Butter verputzt....

Mehlreste vom Ausrollen einsammeln und in einem kleinen Schraubglas aufbewahren (gut zum Dicken von Soßen usw.).

Zitronenhupferl

- 75 g Butter
- 150 g Roggen
- 1 Prise Salz
- abgeriebene Schale von 1 Zitrone
- 35 g Zitronenschaum
- 75 g Honig

Ergibt ein Backblech. Vorbereitung: Butter 1-2 Stunden vorher aus dem Kühlschrank nehmen. Roggen fein mahlen. Mit den anderen Zutaten zu einem weichen Teig verkneten. Etwa eine halbe Stunde in den Kühlschrank stellen.

Etwa walnussgroße Kugeln formen (20-24 Stück) und mit nicht zu knappem Abstand nebeneinander auf ein mit Dauerbackfolie ausgelegtes oder Butter eingefettetes Backblech setzen. Mit dem Daumen in die Mitte drücken, sodass sich am Rand ein kleiner Wulst ergibt.

In den heißen Ofen (von den Brötchen, sonst auf 175 °C vorheizen) schieben und bei 175 °C (Umluft) 17 Minuten lang backen. Die Kekse sind dann an den Rändern goldgelb bis hellbraun. Auf einem Kuchengitter auskühlen lassen.

Tipp: Schmeckt auch mit Orangenschale und -saft lecker!

Sprossenkönigsalat (Hauptmahlzeit)

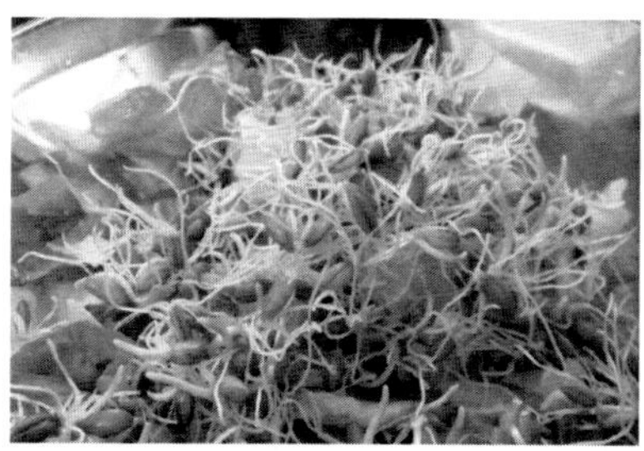

- 8 g Sahne
- 12 g Essig (1 Esslöffel)
- 3 Esslöffel Wasser
- 1/2 Teelöffel Salz
- 1 Apfel (100 g)
- 100 g Endiviensalat
- 20 g Roggensprossen

Sahne, Essig, Salz und Wasser mit einer Gabel zu einer Soße verquirlen. Apfel fein würfeln. Endiviensalat waschen, trocken schleudern (z.B. in einem Geschirrtuch) und in feine Streifen schneiden. Alles miteinander vermischen und mit Roggensprossen bestreuen.

Doppelsprossensalat

- 60 g Spitzkohl
- 25 g Endiviensalat
- 10 g Roggensprossen
- 10 g Weizensprossen
- 2 Esslöffel Standardsalatsoße
- 1 Esslöffel Wasser

Endiviensalat waschen und trockenschleudern (z.B. in einem Geschirrtuch). Klein schneiden. Spitzkohl in feine Streifen schneiden. Alle festen Zutaten miteinander vermischen, Soße und Wasser hinzugeben und nochmals gut durchrühren. 30 Minuten ziehen lassen.

Kohllasagne

Zubereitungsdauer: ca. 90 Min (reine Arbeitszeit ca. 45 Min)

Teig:
- 50 g Weizen
- 30 g Roggen
- 1/2 gestr. Teelöffel Salz
- 3 Esslöffel & 1 Teelöffel Wasser
- 1 Esslöffel Sonnenblumenöl

Für die Form:
- 2 Teelöffel Öl

Rote Soße:
- 80 g Möhre
- 85 g Wasser
- 1/2 Teelöffel Salz
- 1/2 Teelöffel getr. Oregano
- 1 kleines Stück (1-2 g) Rote Beete
- 2 Esslöffel Wasser

Weiße Soße
- 20 g Sonnenblumenkerne
- 20 g Hirse
- 2 Teelöffel Zitronenschaum
- 1/2 Teelöffel Salz
- 100 g Wasser
- 2 Esslöffel Wasser

Gemüse:
- 90 g Wirsing
- 140 g Spitzkohl

Weißes Topping:
- 20 g Nackthafer
- 20 g Sahne
- 40 g Wasser

Teig:
Weizen und Roggen mischen und fein mahlen. Mit den anderen Teigzutaten zu einem festen, geschmeidigen Teig kneten. Zu einer Kugel formen und abgedeckt ruhen lassen, bis die anderen Zutaten vorbereitet sind.

Rote Soße:
Möhre grob zerkleinern. Mit Rote Beete, Salz, Oregano (zwischen den Händen verrieben) und 85 g Wasser pürieren (in einem kleinen Mixer).

Weiße Soße:
Zutaten außer den 2 Esslöffeln Wasser in einem kleinen Mixer pürieren.

Lasagne:
Lasagne- oder Auflaufform (nicht zu groß) mit 2 Teelöffel Öl einpinseln. Den Boden mit etwas mehr als der Hälfte der roten Soße bedecken. Gemüse klein schneiden und auf die rote Soße geben. Rest rote Soße darüber geben, den Rest im Becher mit 2 Esslöffel Wasser ausspülen und auch auf das Gemüse geben.

Teig in Größe der Form ausrollen. Auf das Gemüse legen. Die weiße Soße oben auf den Nudelteig gießen, Becher wie für rote Soße beschrieben ausspülen.

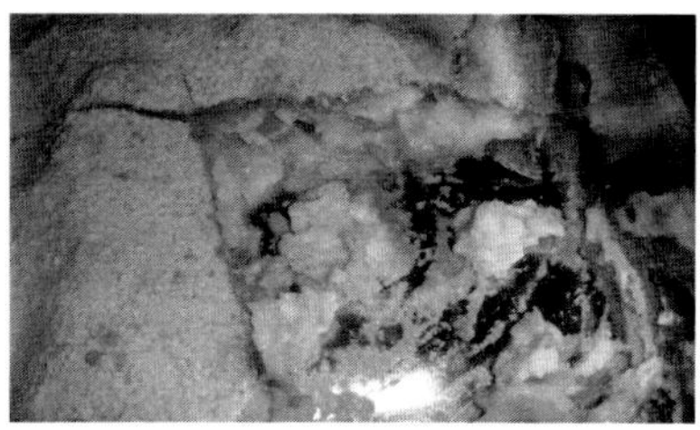

In den kalten Ofen schieben. Bei 200 °C (Umluft) 45 Minuten backen. Nach 10 Minuten die Form abdecken (mit Alu- oder Dauerbackfolie). Hafer, Sahne und Wasser verquirlen. Auf die Lasagne gießen und die letzten 15 Minuten offen backen.

Tipp:

Wer im Budget noch dafür Geld ausgeben möchte, nimmt statt der Möhre + Rote Beete eine größere Tomate. Gut passt auch noch Knoblauch dazu.

Kokosadedrink

- 20 g Haferflocken
- 10 g Kokosraspeln (der Rest der Packung)
- 1 geh. Teelöffel Carob
- 450-500 ml kochendes Wasser

Haferflocken und Kokosraspeln in einem kleinen Mixer fein mahlen und umfüllen. Carob hinzugeben. Etwa 70 g kochend heißes Wasser in den Mixbecher geben. Mahlgut hineinschütten, mixen. Mit Wasser auffüllen und sehr gut durchmixen.

Tag 26

Geweizte Banane (FKG)

- 1 Banane (175 g brutto)
- 2 Äpfel (200 g)
- 1 Esslöffel Zitronenschaum
- 50 g Weizensprossen
- 10 g Mandeln

Morgens: Halbe Banane mit anderthalb grob zerkleinerten Äpfeln mit dem Zitronenschaum in einem kleinen Mixer pürieren. Restliches Obst kleinscheiden, mit dem Püree unter die Sprossen rühren. Mit Mandeln bestreuen.

Als Start in den Tag gibt es ein paar Stückchen Knäckebrot.

Leinsamenrosinencreme (Drink)

- 15 g Leinsamen
- 1 Teelöffel Carob
- 1 Esslöffel Sahne
- 10 g Rosinen
- 400-450 ml kochendes Wasser

Leinsamen in einem kleinen Mixer im großen Becher fein mahlen und umfüllen. Mit Carob mischen. Sahne, Rosinen und etwas von dem Wasser in den Mixbecher geben und gut mixen, bis die Rosinen fein zerkleinert sind. Mahlgut hinzugeben, mit Wasser auffüllen und noch ein letztes Mal sehr gut durchmixen.

Weißkohl-Mischsalat (Hauptmahlzeit)

- 95 g Weißkohl
- 70 g Rote Beete
- 75 g Endiviensalat
- 60 g Möhre
- 3 Esslöffel Standardsalatsoße
- 2 Esslöffel Wasser

Gemüse wenn erforderlich waschen, abtropfen lassen und kleinschneiden. Gegebenenfalls bis zum Mittagessen gut abgedeckt in einer Schüssel im Kühlschrank aufbewahren. Salatsoße und Wasser verrühren und alles gut vermischen.

Danach gibt es ein Pseudocroissant mit Wirsingaufstrich und ein Stück Kokosapfelkuchen.

Leinsamige Rosinen (Drink)

- 10 g Leinsamen
- 15 g Rosinen
- 400-450 ml Wasser

Leinsamen in einem kleinen Mixer im großen Becher fein mahlen. Rosinen mit etwas Wasser sehr fein pürieren. Mahlgut hinzufügen, mixen. Mit Wasser auffüllen und noch einmal sehr gut durchmixen.

Endivien-Möhrensalat in Rosinendressing

- 1/2 Teelöffel Zitronenschaum
- 1 gehäufter Teelöffel Wirsingaufstrich
- 3 Esslöffel Wasser
- 1 gestr. Teelöffel Salz
- 10 g Rosinen
- 50 g Endiviensalat
- 50 g Möhre
- 1 Prise Leinsamen

Zitronenschaum, Aufstrich, Wasser, Salz und Rosinen in einem kleinen Mixer homogen pürieren. Endivie waschen, trockenschleudern und in Streifen, Möhre in Scheiben schneiden. Alles miteinander gut vermischen und mit Leinsamen bestreuen.

Bechamel-Kartoffelkohl

Zubereitungszeit: 25 Min

- 100 ml Wasser
- 200 g Weißkohl
- 200 g Kartoffeln
- 40 g Sahne
- 6 g Mehl (Reste vom Ausrollen)
- 1 Teelöffel Salz
- frisch gemahlener Pfeffer
- 50 ml Wasser

Wasser in einen kleinen Topf geben. Weißkohl in Stücke schneiden, in den Topf geben. Kartoffeln unter fließendem Wasser gut abbürsten, in Scheiben schneiden und zu dem Weißkohl geben. Bei höchster Einstellung zum Kochen bringen, dann auf kleinster Einstellung 16 Minuten köcheln.

Restliche Zutaten in einem kleinen Mixbecher gut verschlagen. Etwas von dem Kochwasser hinzugeben, nochmals durchmixen. Unter das Gemüse geben, unter Rühren nochmals aufkochen.

Ergibt zwei Teller. Als Dekoration eignet sich ein bisschen frischer Weißkohl.

Tipp:

Wem die Soße zu dünn ist, nimmt etwas mehr Mehl oder nur 25 ml Wasser.

---

110 g Kichererbsen mit 250 g Wasser einweichen.
Getrennt 40 g Weizen und 40 g Roggen zum Sprossen ansetzen (siehe Seite 35).

Haferschleckerl (Drink)

- 15 g Nackthafer
- 5 g Leinsamen
- 1 Teelöffel Honig
- 400-450 ml Wasser

Hafer und Leinsamen in einem kleinen Mixer im großen Becher fein mahlen und umfüllen. Wasser und Honig in den Becher geben, Mahlgut hinzufügen und sehr gut durchmixen.

Tag 27

Roggenhirse-FKG

- 30 g Roggen
- 20 g Hirse
- 65 ml Wasser
- 10 g Mandeln
- 1 Esslöffel Zitronenschaum
- 1 Esslöffel Sahne
- 2 kleine Äpfel (210 g)
- 1 Kiwi (70 g brutto)

Vorabend:
30 g Roggen grob schroten (in einer Getreidemühle oder einem kleinen Mixer). Mit Hirse (ungemahlen) und Wasser verrühren und über Nacht abgedeckt stehen lassen (nicht im Kühlschrank). Mandeln in Wasser über Nacht einweichen.

Morgens:
Mandeln abtropfen lassen und fünf Mandeln schälen (das geht auch ohne Erhitzen, ist nur ein bisschen mühsamer) und zur Seite legen. Restliche Mandeln mit anderthalb Äpfeln, Zitronenschaum und Sahne pürieren (in einem kleinen Mixer oder mit der Reibe). Halben restlichen Apfel kleinschneiden und unter das Getreide rühren. Kiwi schälen, in Scheiben schneiden. Fünf Scheiben beiseite legen, den Rest würfeln und unterziehen. Oberfläche glatt streichen, mit den Kiwischeiben am Rand belegen. Auf jede Kiwischeibe eine geschälte Mandel legen.

Rosinenhaferdrink

- 10 g Nackthafer
- 10 g Sonnenblumenkerne
- 20 g Rosinen
- 400-450 ml kochendes Wasser

Hafer und Kerne in einem kleinen Mixer im großen Becher fein mahlen und umfüllen. Rosinen in etwas heißem Wasser in dem Mixbecher einweichen, pürieren. Mahlgut hinzugeben, mit Wasser auffüllen und sehr gut durchmixen.

Beete-Mix in Wirsingdressing (Hauptmahlzeit)

- 100 g Endivie
- 120 g Rote Beete
- 70 g Möhre
- 1 Teelöffel Wirsingaufstrich
- 2 Esslöffel Standardsalatsoße
- 2 Esslöffel Sahne

Endiviensalat waschen, abtropfen lassen und trockenschleudern (z.B. in einem Geschirrtuch). Gesamtes Gemüse kleinschneiden. Eventuell gut abgedeckt bis Mittag im Kühlschrank aufbewahren. Wirsingaufstrich, Salatsoße und Sahne gut verquirlen und mit den festen Zutaten mischen. Nach dem Salat: ein Pseudocroissant (schmeckt lecker ohne was drauf!), zum Nachtisch ein paar Zitronenhupferl.

Carobhiho (Drink)

- 20 g Hirse
- 1 Teelöffel Carob
- 1 Teelöffel Honig
- 400-450 ml kochendes Wasser

Hirse in einem kleinen Mixer im großen Becher fein mahlen, mit Carob in eine Schüssel umfüllen. Mixbecher halb mit Wasser füllen, Honig darin auflösen. Mahlgut hinzufügen, mit Wasser auffüllen und sehr gut durchmixen.

Weißkohlsalat wirsinghaft

- 35 g Endivie
- 75 g Weißkohl
- 1/2 Teelöffel Zitronenschaum
- 15 g Wirsingaufstrich
- 2 Teelöffel Öl
- 1 Prise Salz
- 5 g Sonnenblumenkerne

Endiviensalat waschen, abtropfen lassen und trockenschleudern (z.B. in einem Geschirrtuch). Gesamtes Gemüse kleinschneiden. Zitronenschaum, Wirsingaufstrich, Öl und Salz gut verquirlen und mit den festen Zutaten mischen. Mit Kernen bestreuen.

Kartoffeldeckelauflauf

Zubereitungszeit: 70 Minuten

- 1 Teelöffel Öl
- 2 Kartoffeln (160 g)
- 3 kleine Möhren (160 g)
- etwas Weißkohl (100 g)
- 1 Knoblauchzehe
- 125 ml Wasser
- 1/2 Teelöffel Salz
- 20 g Mandeln
- 30 g Butter

Eine kleine Auflaufform mit Öl einpinseln. Die Kartoffeln in dünne Scheiben schneiden, den Boden der Form mit etwas weniger als der Hälfte auslegen. Möhren in Scheiben schneiden, darüber legen. Weißkohl kleinschneiden und auf die Möhren streuen. Mit Kartoffelscheiben bedecken. Geschälte Knoblauchzehe mit Wasser und Salz in einem kleinen Mixer gut verquirlen und über das Gemüse gießen und Deckel auflegen.

In den kalten Ofen schieben und bei 200 °C (Umluft) 40 Minuten lang garen. Mandeln grob hacken, auf die Kartoffeln streuen. Mit Butterflöckchen belegen und 20 Minuten ohne Deckel bräunen.

Zwei mittelgroße Kartoffeln (280 g) als Pellkartoffeln kochen. Nach 25 Minuten sind sie gar. Abschrecken, abkühlen lassen und bis zum nächsten Tag verwahren. Kichererbsen im Einweichwasser zum Kochen bringen, dann auf kleiner Einstellung 30 Minuten köcheln. Abkühlen lassen und bis zum nächsten Tag in den Kühlschrank stellen.

Zimtdrink Double Cream

- 15 g Nackthafer
- 10 g Sonnenblumenkerne
- 1 gute Prise Zimt
- 20 g Sahne (= 2 Esslöffel)
- 400-450 ml kochendes Wasser

Hafer und Sonnenblumenkerne in einem kleinen Mixer im großen Becher fein mahlen, mit Zimt in eine Schüssel umfüllen. Mixbecher halb mit Wasser füllen, Sahne und Mahlgut hinzufügen und durchmixen. Mit Wasser auffüllen und nochmals sehr gut durchmixen.

Tag 28

Roggenbanane

- 50 g Roggensprossen
- 1 Esslöffel Sahne
- 1 Banane (190 g brutto)
- 1 Esslöffel Zitronenschaum
- 2 Äpfel (195 g)
- 10 g Mandeln

Sahne unter den Schrot rühren. Etwa 3/4 der Banane mit dem Zitronenschaum und anderthalb Äpfeln (grob zerkleinert) in einem kleinen Mixer pürieren. Apfelrest klein schneiden und mit Mandeln und Obstpüree unter das Getreide rühren. Bananenrest in 5 Scheiben schneiden und am Rand auslegen.

Achtung:

Da Bananen in der Luft schnell braun werden, eignet sich diese Dekoration nur für den unmittelbaren Verzehr.

Roggenzimtcreme (Drink)

- 20 g Roggen
- 2 Esslöffel Sahne
- 1/4 Teelöffel Zimt
- 400-450 ml kochendes Wasser

Roggen in einem kleinen Mixer im großen Becher fein mahlen. In eine Schüssel umfüllen, mit dem Zimt mischen. Sahne in den Mixbecher geben, etwa die Hälfte des Wassers und dann das Mahlgut hinzufügen. Gut vermixen, mit Wasser auffüllen und nochmals gut mixen.

Weißer Kichererbsensalat (Hauptmahlzeit)

- 100 g gekochte Kichererbsen (vom Vortag)
- 90 g Weißkohl
- 110 g Endiviensalat
- 3 Esslöffel Standardsalatsoße
- 2 Esslöffel Öl
- 1 Esslöffel Wasser

Kohl kleinschneiden. Endiviensalat waschen, abtropfen lassen und in Streifen schneiden. Mit den Kichererbsen in eine Schüssel geben (evtl. gut abdecken und bis mittags in den Kühlschrank stellen), dann Soße, Öl und Wasser gründlich unterziehen. Nach dem Salat: ein Pseudocroissant und ein Stück Kokosapfelkuchen.

Leinzimtsahne (Getränk)

- 20 g Leinsamen
- 1 Esslöffel Sahne
- 1 Prise Zimt
- 400-450 ml kochendes Wasser

Leinsamen in einem kleinen Mixer im großen Becher fein mahlen. Zimt und Sahne sowie etwas heißes Wasser hinzufügen. Mit einem Löffel umrühren und darauf achten, dass nichts an der Becherwand hängen bleibt. Im Mixer gut durchmixen, dann mit Wasser auffüllen und noch einmal sehr gut durchmixen.

Roggensprossenrotkohl

- 25 g Roggensprossen (Rest)
- 75 g Rotkohl
- 15 g Wirsingaufstrich
- 1 Teelöffel Zitronenschaum
- 2 Esslöffel Wasser

Rotkohl in feine Streifen schneiden, mit den Sprossen mischen. Wirsingaufstrich, Zitronenschaum und Wasser verquirlen (z.B. in einem kleinen Mixer) und über den Rotkohl gießen. Gut vermischen.

Gefüllte Kartoffeln mit Blumenkohlgrün

Zubereitungszeit: 30 Minuten (ohne Kochen der Kartoffeln)

Kartoffeln:

- 2 gekochte Pellkartoffeln vom Vortag (255 g)
- 10 g Nackthafer
- 10 g Leinsamen
- 2 Esslöffel Öl
- 1 Esslöffel Wasser
- 1/2 Teelöffel Salz
- 25 g Butter

Gemüse:

- 75 g Wasser
- 300 g Grün vom Blumenkohl
- 1/2 Teelöffel Salz

Kartoffeln:

Kartoffeln pellen. Auf eine lange Seite legen und einen Deckel abschneiden. Vorsichtig das Innere mit einem spitzen Löffel herausnehmen. Die Kartoffel bricht leicht!

Hafer und Leinsamen fein mahlen (in einem kleinen Mixer), Öl, Wasser und Salz sowie das Innere der Kartoffeln hinzugeben und zu einer Creme mixen. In die beiden Kartoffeln füllen, Deckel auflegen. In einer kleinen Pfanne die Butter auf mittlerer Hitze zerlassen. Kartoffeln in die heiße Butter setzen, Hitze etwas kleiner stellen und 20-22 Minuten braten.

Gemüse:

Wasser in einen Topf geben. Blätter gut waschen, mit einem Messer in sehr feine Streifen schneiden, vor allem die Blattrippen. In den Topf geben, Deckel auflegen und auf höchster Einstellung zum Kochen bringen. Auf kleinste Einstellung drehen und 20-22 Minuten dünsten. Salz unterrühren.

Eine Kartoffel auf einen Teller setzen, mit der Hälfte des Gemüses umgeben. Den Rest Gemüse in die Pfanne zu der zweiten Kartoffel geben — so gibt es für den zweiten Teller keinen Butterverlust.

Tipp:

Die Kartoffeln kann man natürlich auch 1-2 Stunden vorher kochen. Wenn sie vom Vortag sind, ist unbedingt drauf zu achten, dass sie richtig heiß werden, sonst schmecken sie „schal".

Zimtcarob (Drink)

- 10 g Sonnenblumenkerne
- 10 g Hirse
- 10 g Sahne
- 1 Prise Zimt
- 1 Teelöffel Carob
- 400-450 ml kochendes Wasser

Sonnenblumenkerne und Hirse in einem kleinen Mixer im großen Becher fein mahlen und in eine kleine Schüssel umfüllen. Mit Zimt und Carob mischen. Sahne und etwa die Hälfte des heißen Wassers in den Mixbecher geben. Mahlgut hinzufügen und gut durchmixen. Mit Wasser auffüllen und noch einmal sehr gut durchmixen.

Carobeiscreme

- 200 g Sahne
- 2 Esslöffel Carob (12 g)
- 45 g Honig
- 40 g Rosinen + 5 Rosinen

Sahne mit einem Handrührgerät (oder vorsichtig in einem kleinen Mixer: aufpassen, dass die Sahne nicht zu Butter wird) steif schlagen. Carob darüber sieben, Honig hinzugeben und gut durchmixen. Rosinen unterziehen. In fünf Förmchen zu je 2 Esslöffel verteilen (z.B. Muffinförmchen), jeweils eine Rosine in die Mitte drücken und in den Tiefkühlschrank stellen. Wenn das Eis fest ist, in eine gut verschließbare Plastikdose geben.

Tag 29

Weizenbanane

- 50 g Weizensprossen
- 1 Esslöffel Sahne
- 1 Banane (145 g brutto)
- 2 Äpfel (175 g)
- 1 Esslöffel Zitronenschaum
- 1 Teelöffel Rosinen
- 5 Mandeln

Sahne unter die Sprossen rühren. Geschälte Banane, einen geviertelten Apfel und Zitronenschaum in einem kleinen Mixer pürieren. Zweiten Apfel klein schneiden und mit dem Obstpüree unter das Getreide rühren. Mandeln am Rand verteilen, in die Mitte die Rosinen legen. Danach gibt's drei frisch getoastete kleine Hörnchen.

Weizensprossendrink

- 10 g Nackthafer
- 10 g Leinsamen
- 10 g Weizensprossen
- 400-450 ml kochendes Wasser

Hafer und Leinsamen in einem kleinen Mixer im großen Becher fein mahlen. In eine Schüssel umfüllen. Weizensprossen in den Mixbecher geben, etwa die Hälfte des Wassers und dann das Mahlgut hinzufügen. Mit Wasser auffüllen und nochmals gut mixen.

Roter Kichererbsensalat (Hauptmahlzeit)

- 135 g gekochte Kichererbsen
- 115 g Rotkohl
- 40 g Endiviensalat
- 2 Esslöffel Standardsalatsoße
- 1 EL Öl, 1 EL Wasser

Kohl kleinschneiden. Endiviensalat waschen, abtropfen lassen und in Streifen schneiden. Mit den Kichererbsen und dem restlichen Kochwasser der Erbsen in eine Schüssel geben (evtl. gut abdecken und bis mittags in den Kühlschrank stellen), dann Soße, Öl und Wasser gründlich unterziehen. Danach: Zopfbrötchen, Kokosapfelkuchen.

Sahnehauchdrink

- 10 g Sonnenblumenkerne
- 10 g Roggen
- Fast leere Sahneflasche
- 400-450 ml kochendes Wasser

Kerne und Roggen in einem kleinen Mixer im großen Becher fein mahlen. Etwas heißes Wasser in die Sahneflasche gießen, gut umschütteln und in den Mixbecher geben. Mit dem Löffel umrühren und darauf achten, dass nichts an der Becherwand hängen bleibt. Im Mixer gut durchmixen, dann mit Wasser auffüllen und noch einmal sehr gut durchmixen.

Blumenkohlweizensalat

- 20 g Weizensprossen (Rest)
- 100 g Blumenkohl

Dressing:

- 1 Esslöffel Öl
- 2 Esslöffel Wasser
- 1/2 Teelöffel Zitronenschaum
- 1 Prise Salz
- frisch gemahlener Pfeffer

Blumenkohl wenn nötig waschen (falls verlaust oder mit kleinen Schnecken, eine Weile in Salzwasser legen). Dann ganz fein schneiden. Mit den Sprossen mischen. Die Dressingzutaten mit einer Gabel oder in einem kleinen Mixer sehr gut verquirlen und unterrühren.

Honighauchdrink

- 10 g Hirse
- 10 g Leinsamen
- Fast leeres Honigglas
- 400-450 ml kochendes Wasser

Hirse und Leinsamen in einem kleinen Mixer im großen Becher fein mahlen. Etwas heißes Wasser in das Honigglas gießen, umschütteln und in den Mixbecher geben. Mit dem Löffel umrühren und darauf achten, dass nichts an der Becherwand hängen bleibt. Im Mixer gut durchmixen, mit Wasser auffüllen und nochmals gut durchmixen.

Blumenkohlgrüncremesuppe mit Roggencurryklößchen

Zubereitungszeit: 35 Minuten

Grundsuppe:

- 450 g Blumenkohlblätter
- 1 Kartoffel (150 g)
- 500 g Wasser

Cremesuppe:

- Hälfte der Grundsuppe
- 300 ml Kloßkochwasser
- 1 gestr. Teelöffel Salz
- 1/2 Teelöffel Curry
- 1 Esslöffel Öl
- 1/4 Teelöffel Honig

Roggencurryklößchen:

- 30 g Roggen
- 10 g Leinsamen
- 1/2 Teelöffel Salz
- 1/2 Teelöffel Curry
- 2 Teelöffel Öl
- 1 Esslöffel + 2 Teelöffel Wasser (= ca. 16 g)
- 1 Liter Wasser
- 1 Teelöffel Salz

Grundsuppe:

Blumenkohlblätter sehr gut waschen und in feine Streifen schneiden. Kartoffel unter fließendem Wasser gut abbürsten und ebenfalls kleinschneiden. Mit dem Wasser aufsetzen. Zum Kochen bringen und auf kleiner Hitze 22 Minuten köcheln lassen.

Roggenklößchen:

Roggen (evtl. in der Getreidemühle) und Leinsamen (in einem kleinen Mixer) fein mahlen. Mit Salz, Curry, Öl und 16 ml Wasser verkneten. Daraus 7 etwa kirschgroße Klößchen formen. 1 Liter Wasser mit Salz zum Kochen bringen, Klößchen hineingeben. Auf kleiner Flamme leicht köchelnd ziehen lassen, bis sie an die Oberfläche steigen. Dann noch 5 Minuten ziehen lassen. Kochwasser auffangen.

Cremesuppe:

Etwa die Hälfte der Grundsuppe pürieren (z.B. in zwei Portionen im Messbecher eines kleinen Mixers). In den leeren Kloßkochtopf geben, restliche Zutaten hinzugeben und einmal aufkochen. Die Klöße mit ziehen lassen.

Dazu gibt es ein Zopfbrötchen.

Tag 30

Weizenüberhang FKG

- 35 g Weizen
- 15 g Roggen
- 80 ml Wasser
- 1 Esslöffel Zitronenschaum
- 3 Äpfel (280 g)
- 10 g Mandeln
- 1 Esslöffel Sahne
- eine Prise Zimt

Vorabend:

Weizen und Roggen schroten, mit dem Wasser verrühren und über Nacht stehen lassen (nicht im Kühlschrank).

Morgens:

Zitronenschaum und zwei Äpfel in einem kleinen Mixer pürieren, Mandeln zum Schluss nochmals kurz mit mixen. Den dritten Apfel klein schneiden und mit dem Obstpüree unter das Getreide rühren. Mit der Sahne übergießen und mit etwas Zimt bestreuen.

Currydrink

- 10 g Roggen
- 10 g Hirse
- 1/4 Teelöffel Curry
- 1 Esslöffel Sahne
- 400-450 ml kochendes Wasser

Roggen und Hirse in einem kleinen Mixer im großen Becher fein mahlen. In eine Schüssel umfüllen, mit dem Curry mischen. Sahne in den Mixbecher geben, etwa die Hälfte des Wassers und dann das Mahlgut hinzufügen. Gut vermixen, mit Wasser auffüllen und nochmals gut mixen.

Tipp:

Auch die Zugabe von ein bisschen kleingehacktem Gemüse ergibt ein leckeres, herzhaftes Getränk.

Tricoloresalat (Hauptmahlzeit)

- 40 g Endiviensalat
- 110 g Blumenkohl
- 110 g Rotkohl
- 3 Esslöffel Standardsalatsoße
- 3 Esslöffel (Koch-)Wasser

Endiviensalat waschen, abtropfen lassen und in feine Streifen schneiden. Auf einen flachen Essteller häufeln. Blumenkohl sehr fein raffeln (z.B. im Zerkleinerer) und neben den Endiviensalat legen, dann den Rotkohl sehr fein zerkleinern und als letztes auf den Teller geben. (evtl. gut abdecken und bis mittags in den Kühlschrank stellen). Salatsoße und Wasser gut verquirlen, in eine kleine Schüssel geben und getrennt servieren.

Danach gab es ein getoastetes Zöpfchen und Carob-Eis.

Tipp:

Diese Art, Salat zu präsentieren, macht aus den unscheinbarsten Zutaten einen schicken Salatteller! Bei mehreren Personen kann man auch verschiedene Dressings dazu servieren.

Roggensalat in veganer Creme

- 110 g Rotkohl

Dressing:

- 10 g Mandeln
- 1 Teelöffel Zitronenschaum
- 1 Teelöffel Öl
- 1 Prise Salz
- 3 Esslöffel (Koch-)Wasser

Rotkohl in feine Streifen schneiden. Mandeln sehr fein mahlen (in einem kleinen Mixer) und mit den restlichen Dressingzutaten fein verquirlen. Rotkohl mit dem Dressing verrühren, einige Minuten ziehen lassen.

Blumenkohlgrün mit Knusperkartoffeldecke

Zubereitungszeit: 50 Minuten (ohne Kochen des Gemüses)

- 115 g Kochflüssigkeit *
- 220 g Kartoffeln
- 100 g Kochflüssigkeit *
- 20 g Hirse
- 1/2 Teelöffel Salz
- 350 g Gemüsereste *
- 2 Esslöffel Öl

* von der gestrigen Gemüsesuppe

Suppenflüssigkeit in eine kleine Pfanne geben. Kartoffeln unter fließendem Wasser gut abbürsten und in Scheiben schneiden. In die Pfanne geben. Deckel auflegen, bei höchster Einstellung zum Kochen bringen, bis die Flüssigkeit sehr gut kocht. 15 Minuten auf kleinster Einstellung köcheln lassen.

Hirse mahlen, mit Salz mischen und mit einem kleinen Schneebesen unter die 100 g Kochflüssigkeit quirlen.

Kartoffeln aus der Pfanne nehmen, Flüssigkeit mit dem Hirsewasser vermischen. Gemüse von der Suppe in die Pfanne geben, Hirsewasser darüber gießen. Mit Kartoffelscheiben dicht belegen, das Öl darauf träufeln. In den kalten Ofen schieben und bei 200 °C (Umluft) ca. 30 Minuten backen. In der Pfanne servieren.

Hinweis:

Die Pfanne muss inklusive des Griffs natürlich backofenfest sein. Sonst den Auflauf in eine kleine geölte Auflaufform geben.

So lässt sich Gemüse vom Vortag nochmals „aufdonnern“.

Carobdoppel (Drink)

- 10 g Mandeln
- 10 g Nackthafer
- 2 gehäufte Teelöffel Carob
- 2 Esslöffel Sahne (20 g)
- 400-450 ml kochendes Wasser

Mandeln und Hafer in einem kleinen Mixer im großen Becher fein mahlen, umfüllen und mit Carob mischen. Sahne und einen Teil des Wassers in den Mixbecher geben, durchmixen. Mit Wasser auffüllen und noch einmal sehr gut durchmixen.

Tag 31

Pampelroggenüberhang

- 20 g Weizen
- 30 g Roggen
- 80 ml Wasser
- 1 Pampelmuse mittelgroß
- 1 Apfel (125 g)
- 1 Esslöffel Zitronenschaum
- 10 g Mandeln

Vorabend:

Weizen und Roggen grob schroten, mit Wasser verrühren und über Nacht stehen lassen (nicht im Kühlschrank).

Morgens:

Pampelmuse schälen, halbieren und in dünne Scheiben schneiden, dabei die Kerne entfernen. 4 „Halbmonde" beiseite legen, den Rest mit 3/4 des Apfels und dem Zitronenschaum in einem kleinen Mixer oder Zerkleinerer pürieren. Unter das Getreide rühren, Restapfel würfeln und unterziehen. Die Pampelmusenscheiben an den Rand legen, 8 Mandeln darauf verteilen, die Reste in die Mitte stecken.

Danach gibt es ein Leinsamenbrötchen mit Butter.

Restedrink

- 10 g Mandeln
- 2 g Leinsamen
- 8 g Roggen
- 10 g Rosinen
- 2 Esslöffel Sahne (20 g)
- 400-450 ml kochendes Wasser

Mandeln, Leinsamen und Roggen in einem kleinen Mixer im großen Becher fein mahlen. In eine Schüssel umfüllen. Rosinen mit Sahne und etwas heißem Wasser gut mixen, etwa die Hälfte des Wassers und dann das Mahlgut hinzufügen. Gut vermixen, mit Wasser auffüllen und nochmals gut mixen.

Blumenkohl in Currysauce (Hauptmahlzeit)

Dressings:

- 30 g Sahne
- 15 g Standardsalatsoße
- 25 g (Koch-)Wasser
- 1/2 Teelöffel Salz
- 1/2 Teelöffel Curry

Feste Zutaten:

- 1 kleine Apfelsine, netto 100 g
- 180 g Blumenkohl

Dressingzutaten gut miteinander verquirlen. Vorsicht, bei Benutzung eines Mixers: Die Sahne bildet sehr schnell Butterklümpchen, also besser mit der Gabel verquirlen. Kohl wenn nötig gründlich waschen, mit einem Messer in kleine Stückchen schneiden. Apfelsine schälen, würfeln. Kohl und Apfelsine mit dem Dressing mischen und 10-15 Minuten durchziehen lassen. Nach dem Salat: ein Leinsamenbrötchen.

Schlichtes Pesto

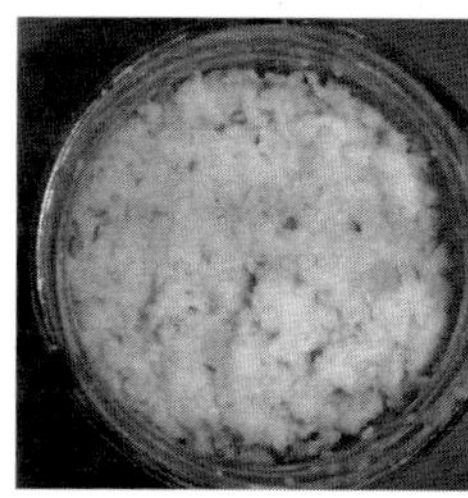

- 250 g Kohlstrünke tiefgekühlt
- 15 g Salz
- 10 g Zitronenschaum
- 50 ml Öl

Kohlstrünke auftauen lassen, mit einem Messer in grobe Stücke schneiden. Weitere Zubereitung im Mixer oder — wie hier — im Zerkleinerer. Kohl sehr fein hacken. Portionsweise die anderen Zutaten hinzugeben und immer wieder gut durchmixen. Masse in ein Schraubglas und im Kühlschrank aufbewahren. Haltbarkeit: mehrere Monate.

Kleine Rotkohlsonne

- 1 Teelöffel Schlichtes Pesto
- 1 Prise Salz
- 1 TL Öl, 1 TL Essig, 2 EL Wasser
- 100 g Rotkohl
- 1 Teelöffel Sonnenblumenkerne

Pesto, Salz, Öl, Essig und Wasser mit einer Gabel verquirlen. Rotkohl klein schneiden, unterziehen. Mit Sonnenblumenkernen bestreuen.

Blumenkohl mit Kartoffelscheiben

Zubereitungszeit: 25 Minuten

Blumenkohl:
- 280 g Blumenkohl am Stück
- 150 ml Wasser
- 1 Prise Salz
- 20 g Weizen
- 10 g Sonnenblumenkerne
- etwas Salz
- 2 Teelöffel Essig
- 50 ml Wasser

Kartoffeln:
- 220 g Kartoffeln
- 1 Zwiebel (65 g brutto)
- 5 Esslöffel Öl

Blumenkohl in eine Pfanne setzen, 150 ml Wasser und Salz hinzugeben. Deckel auflegen, zum Kochen bringen. Sobald Dampf unter dem Deckel austritt, auf kleinster Einstellung 20 Minuten dünsten. Weizen und Kerne fein mahlen (Mixer), mit Salz, Essig und Wasser verquirlen. Zu dem Kochwasser geben und aufkochen (= Soße).

Öl in eine Pfanne geben. Zwiebel schälen, in Ringe schneiden. Kartoffeln unter fließendem Wasser gut bürsten, abtrocknen, in Scheiben schneiden. Mit den Zwiebeln in die Pfanne geben. Deckel auflegen, zum Kochen bringen. Sobald Dampf unter dem Deckel austritt, auf kleinster Einstellung dünsten, bis der Blumenkohl fertig ist.

Blumenkohl auf einen Teller geben, mit Soße übergießen, Kartoffeln daneben legen. Ergibt zwei Teller.

Sahnedrink

- 5 g Mandeln
- 5 g Sonnenblumenkerne
- 15 g Weizen
- 25 ml Sahne
- 400-450 ml kochendes Wasser

Mandeln, Kerne und Weizen in einem kleinen Mixer im großen Becher fein mahlen. In eine Schüssel umfüllen. Sahne und etwas heißes Wasser, dann das Mahlgut in den Mixbecher geben. Gut vermixen, mit Wasser auffüllen und nochmals gut mixen.

Literaturverzeichnis

1) Anemueller, Dr. med. Helmut. Richtig essen: Die Grundlagen der Vollwerternährung. überarbeitete Ausgabe 1994 dtv, ISBN 423365102
2) Becker Waltraud. Korngesund: Das Getreidehandbuch. 2003 emu-Verlag, ISBN 3891891059
3) Bendel Lothar. Das große Früchte- und Gemüselexikon [Originalausgabe: Wissenswertes über Früchte und Gemüse, 1999 Ischert Gardez]. 2002 Patmos-Verlag, ISBN 3491960665
4) Bendel Lothar. Das große Lexikon der Kräuter und Gewürze: Herkunft, Inhaltsstoffe, Zubereitung, Wirkung. 2007 (2008) Gerez / Anaconda ISBN 9783866472020
5) Bircher-Benner, Dr. M. Vom Werden des neuen Arztes: Erkenntnisse und Bekenntnisse. 1938 Wilhelm Heyne Verlag Dresden, ohne ISBN
6) Bohmert Annegret. Lebendige Ernährung: Theorie und Praxis der Getreideküche (mit über 400 Rezepten, Tabellen zur Ernährungslehre, zahlreichen Hinweisen zu Diätetik). 3. Auflage 1999 Oratio Verlag, ISBN 372140565X
7) Böttner Barbara. Vollwertkost mit Genuß: Vital und gesund durch natürliche Ernährung. 3. Auflage 1986, BLV Verlagsgesellschaft, ISBN 3405133351
8) Brecht Eduard A. Deine Ernährung ist dein Schicksal. 2. Auflage 1976 Brecht Verlag, ohne ISBN
9) Brecht Eduard A. Kochbuch für schlemmerhafte Anti-Krankheitskost. Der kompromißlose Weg zur Gesundheit. 8. Auflage 1986 (1976) Brecht Verlag, keine ISBN
10) Bruker Dr. med. M. O. Idealgewicht ohne Hungerkur. 11. Auflage 1982 bioverlag gesundleben, ISBN 3922434134
11) Bruker Dr. med. M. O. und Ilse Gutjahr. Zucker Zucker: Krank durch Fabrikzucker. 6. Auflage 2004, emu-Verlag, ISBN 3891890346
12) Bruker Max O. Unsere Nahrung, unser Schicksal. 38. Auflage 2005 emu-Verlag, ISBN 3891890036
13) Buhl Klara. Das neue Vollwertkochbuch: Vollständige Mahlzeiten durchs ganze Jahr. 1997 Günter Albert Ulmer Verlag, ISBN 3924191867
14) Campbell T. Colin, The China Study: Startling Implications for Diet, Weight Loss and Long-Term Health. 2006 Benbella (Paperback), ISBN 9781932100662
15) Danner Helma. Die Naturküche: Vollwertkost ohne tierisches Eiweiß. 5. Auflage 2006 Ullstein, 9783548365978
16) Das große GU-Vollwert-Kochbuch: Die köstlichsten Koch- und Backideen aus der bewährten Reihe „Vollwertküche". 7. Auflage 1991, Gräfe & Unzer, ISBN 3774212295
17) Das große GU-Vollwert-Kochbuch: No. 2. Neue vegetarische Rezepte aus der erfolgreichen Reihe „Die kleinen GU Vollwert Kochbücher". 1994 Gräfe & Unzer, ISBN 3774219664
18) Goetz Rolf und Peter Queissert. Einfach anders essen: Unser

Naturkost-Kochbuch. 1985 pala-Verlag, ISBN 392317621x
19) Graf Emma. Gastronomischer Planetenreigen: Gedanken und Rezepte zur Getreideküche. Band 3. 1996 Michael Verlag, ISBN 3895394432
20) Gutjahr Ilse und Erika Richter. Streicheleinheiten: Von der Kunst, schmackhafte Brotaufstriche zu zaubern. 2007 emu, ISBN 389189063X
21) Gutjahr Ilse. Das große Dr. M. O. Bruker Ernährungsbuch. 3. Auflage 2005 (?) emu-Verlag, ISBN 3891890656
22) Hälsig Elisabeth. Vollwertkost und ihre lebendige Qualität durch Steigbilder sichtbar gemacht. Heft 3. etwa 1987 Eigenverlag, ohne ISBN
23) Hölzle Hildegard. Glücklicher leben mit Vollwertkost. 1985 Schnitzer, ISBN 3922894267
24) Jung Gisela. Umsteigen auf Vollwertkost. 1989 Tihema, ISBN 3893730689
25) Kleiner-Röhr, Christina. Köstliches Vollwertkonfekt: Aus Nüssen, Mandeln, Früchten, Honig. 1989 Hädecke Verlag, ISBN 3775001336
26) Kollath Werner. Die Ordnung unserer Nahrung. 17. Auflage 2005, ISBN 3830472102
27) Kollath Werner. Getreide und Mensch, eine Lebensgemeinschaft. 6. Auflage 1999, ISBN 978-3873230057
28) Kühnau Joachim und Wendel Ganßmann. Hafer: Eine Element der modernen Ernährung. 1976 Umschau Verlag, ISBN 3524006574
29) Meyer Axel. Das Lexikon der Vollwert-Ernährung. 1994 Goldmann, ISBN 3442136728
30) Nearing Helen. Kochbuch des Lebens: Eine Sammlung vegetarischer Rezepte für Menschen, die das Einfache lieben. 1996 (1980) Pala, ISBN 3895661198
31) Nöcker Rose-Marie. Lichtkost: Gemüse und Gemüsesprossen. Die sanfte Energie des Ungekochten. 1992 Heyne, ISBN 3453057651
32) Rabe Ute. Dinkel und Grünkern: Vollwertige Koch- und Backrezepte. 1990 pala-Verlag, ISBN 3923176724
33) Rabe Ute. Kochen und Backen mit Hafer: Köstliches aus der Körnerküche. 1992 pala-verlag, ISBN 3923176813
34) Rütting Barbara. Essen wir uns gesund! 2. Auflage 2004 Goldmann, ISBN 3442166349
35) Rütting Barbara. Mein Kochbuch: Naturgesunde Köstlichkeiten aus aller Welt. 30. Auflage 1998 Goldmann, ISBN 3442108381
36) Schmidt Gerhard. Dynamische Ernährungslehre Band I. 1981 Proteus, ISBN 3858471003
37) Schöneck Annelies. Sauer macht lustig ... Milchsaures Gemüse: Gesunde Rohkost für das ganze Jahr. 1990 Verlag Freies Geistesleben, ISBN 377251085X
38) Thomas Berthold. Vollkorn bietet mehr. 1986 Diaita-Verlag, ISBN 3925428011
39) Waerland Ebba und Dr. med. E. Röhling. So heilt Waerlandkost. 11. Auflage 1989, Humata Verlag, ISBN 3719703770
40) Wiegand Stefanie. Das Rohkochbuch: Rohe Rezepte für große und kleine Schlecker und Schlemmer. 2004 Anahita, ISBN 393779702-5

Rezeptverzeichnis

Frühstück

Für jeden Tag ein Frühstück = 31 Frühstücke

Gebäck salzig: Brot, Brötchen, Knäckebrot

Für jede Woche ein Brot bzw. einmal Brötchen; außerdem 2 x Knäckebrot

Gebäck süß und Nachtisch: Kuchen, Plätzchen, Süßes

Für jede Woche einmal Kuchen; zweimal Plätzchen

Getränke

71 Getränke, d.h. mindestens zwei pro Tag, womit schon mal 1 Liter Flüssigkeit am Tag abgedeckt ist.

Hauptspeisen warm

30 verschiedene Hauptmahlzeiten; da eine Hauptmahlzeiten für zwei Personen gekocht und eine andere zum Teil noch an einen Gast abgegeben wurde, ergibt das genug Menge für 31 Hauptmahlzeiten

Hauptspeisen Salat

Für jeden Tag eine Hauptspeise mit Salat

Salate (Frischkost/Rohkost vor der warmen Hauptmahlzeit)

31 Salate

Verschiedenes

Ein Wort über mich

Von Beruf bin ich Fachübersetzerin für Medizin und Pharma. Der Weg dorthin war ähnlich verschlungen wie mein Weg zu einer gesunden Ernährung: Nach dem Abitur habe ich Grafik-Design in Wuppertal studiert, danach Islamwissenschaften in Köln. In meiner Kölner Zeit habe ich in verschiedenen Instituten und Übersetzungsbüros gearbeitet. In diesen Jahren traf ich Eric Mark Charlton, mit dem ich 1984 die Firma „Charlton & Wilkesmann: Fachübersetzungen Medizin, Pharma, Chemie" gegründet habe. Wir sind bis heute Partner in diesem Unternehmen.

Zurzeit bin ich auf verschiedene Weisen für die Vollwertigkeit aktiv:

Fast täglich stelle ich auf meiner Webseite http://www.vollwertkochbuch.de Rezepte ein, die auch wirklich nachvollziehbar sind, denn jedes Rezept habe ich während der Zubereitung dokumentiert und fotografiert.

Seit November 2006 pflege ich die Vollwertecke auf der Zypernseite http://www.nordzypern-insider.net/buntes.html.

Angeregt durch die vielen Besucher auf meiner Webseite habe ich dann 2007 begonnen, Bücher zu schreiben. Dort finde ich die Gelegenheit, mit Kochen und Backen das zu kombinieren, was mir Freude macht: verbal und graphisch gestalten.

Seit Mitte 2008 habe ich mich dem Filmen von Videos zugewandt und das auch für die Vollwertigkeit umgesetzt: Jeden Monat gibt es einen Film zum Thema der Vollwertecke und jede Woche mindestens einen Rezeptfilm.

Als eigene Bücher sind bisher erschienen:

- Brötchen statt Brot: Von Rohkost über vegan bis vollwertig Backen, 2007 BOD, ISBN 978-3833497704
- Konfekt statt Sünde: 100 Naschereien aus der Vollwertküche, 2007, BOD, ISBN 978-3837009637
- OneBBO's Castle lädt ein: Schau uns über die Schulter, 2007 BOD, ISBN 978-3833470493 (Belletristik)

- Rohkost statt Fasten: Ein Rohkosttagebuch für Normalos, 2007 BOD, ISBN 978-3833491221
- Schrot statt Schrott: 365 mal Frischkorn zum vollwertigen Frühstück, 2008, BOD, ISBN 978-3837041491
- Vollwert? Gold wert! Tipps für Anfänger, Interessierte und Zweifler, 2009, BOD, ISBN 978-3837077339

In Arbeit:

- Gemüse statt Fastfood: über 200 vollwertige Gemüsegerichte (Arbeitstitel) (Veröffentlichung geplant Mai/Juni 2009)
- Rohkost statt Fasten II: Rezepte, Rezepte, Rezepte (Veröffentlichung geplant Ende 2009/Anfang 2010)

Auf Fragen antworte ich gerne und ich freue mich stets über Anregungen und Feedback, die dem Gedanken der Vollwerternährung dienen. Meine Email-Adresse ist: vitalstoffreich@vollwertkochbuch.de